바다의 왕

장보고

새시대 큰인물 **15**

바다의 왕

장보고

개정판 1쇄 | 2006년 2월 15일
8쇄 | 2013년 4월 30일

글쓴이 | 곽옥미
그린이 | 김순금
발행인 | 양원석
편집인 | 정석진
진 행 | 정미연
디자인 | 최현숙

펴낸곳 | (주)알에이치코리아
주소 | 153-802 서울시 금천구 가산디지털 2로 53, 20층 (한라시그마밸리)
전화 | 02-6443-8870(내용), 02-6443-8838(구입), 02-6443-8962(팩스)
등록 | 2004년 1월 15일 제2-3726호

ISBN 978-89-5986-353-2 74990
978-89-5986-338-9 74990(세트)

RHK 는 랜덤하우스코리아의 새 이름입니다.

바다의 왕

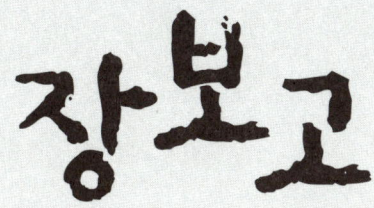

곽옥미 글 | 김순금 그림

주니어 RHK

글쓴이의 말

우리는 장보고를 부를 때 바다의 왕, 장보고라고 하지요. 장보고는 우리 나라 사람들이 존경하는 위인들 가운데 하나임이 분명합니다.

장보고는 9세기에 벌써 무역이 가지는 뜻을 알아차린 사람이지요. 9세기에 황해를 무대로 삼아 당 나라와 일본, 신라와 발해는 물론 멀게는 아랍권까지 연결하는 무역망을 만든 사람이니까요.

그 무역망을 통해 학자들과 공부하는 스님들도 오고 갔습니다. 또 당 나라의 도자기 기술이 신라에 들어와 고려 청자의 씨앗이 뿌려지기도 했고요. 이처럼 장보고는 무역망을 통해 물건은 물론 문화와 종교까지 실어 날랐습니다.

그건 당시로서는 다른 나라에 비해 뛰어난 항해술과 배 만드는 기술을 가졌기에 가능한 일이었습니다. 또 장보고는 당 나라에 흩어져 살고 있던 신라 사람들을 하나로 모으는 데도 큰 역할을 했습니다.

이렇게 시대를 앞서 살아갔지만 장보고는 반역자라는

억울한 누명을 쓴 채 암살 당하고 맙니다. 그래서 그에 대한 제대로 된 역사 자료를 찾기가 무척 힘들지요. 장보고에 대한 이야기를 쓰면서 가장 힘들었던 것이 그런 점이었습니다. 어떤 부분들은 당시의 상황이나 자료들을 바탕으로 미루어 짐작할 수밖에 없었습니다.

　억울한 죽음을 당한 마지막 부분에 이르러서는 이런 상상까지 했습니다. 만약 그 때 장보고가 죽지 않았다면 어떻게 되었을까? 또 장보고 같은 인물이 지금 살아 있다면 어떤 일이 벌어질까?

　장보고가 살았던 시대를 여행하면서 많은 아쉬움이 남았습니다. 하지만 그런 아쉬움은 어린이 여러분에 대한 기대로 떨쳐 버리려고 해요. 여러분 가운데에서 21세기의 바다를 주름 잡을 장보고 같은 큰 인물이 나올 것을 기대해 볼게요!

2003년 늦가을 곽옥미

차례

글쓴이의 말 · 4

바닷가 아이들 · 11
- 골품 제도 · 23

마음 공부를 하며 무예를 닦다 · 24
- 마음 공부(참선) · 37

해적을 해치우다 · 38
- 해적 · 52

신라방으로 가다 · 54
- 신라방과 신라소 · 64

장사를 배우며 이사도를 무찌르다 · 66
- 〈장보고 정년전〉 · 81

일본과도 장사를 시작하다 · 83
- 장보고의 배 · 97

청해진 대사가 되다 · 99
- 흥덕왕 · 110

청해진을 세우다 · 111
- 완도의 청해진 유적 · 123

바다의 왕, 장보고 · 125
- 왕위 다툼과 장보고 · 135

스러진 청해진의 꿈 · 136
- 장보고는 왜 죽었을까? · 148

열린 주제 · 150
인물 돋보기 · 152
연대표 · 154

장보고 선단의 교역 항로

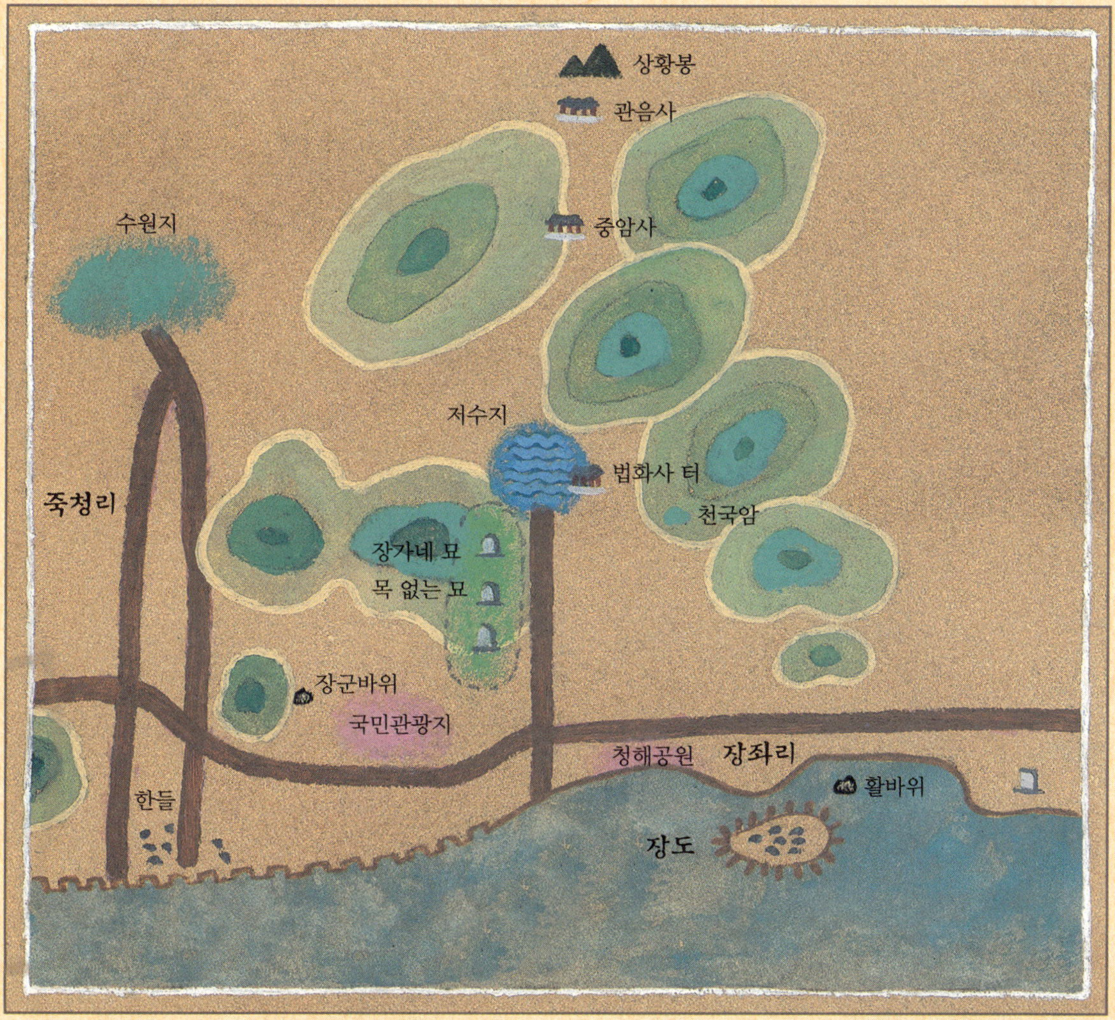

한들 : 죽청리 들녘에 있었던 군사 훈련장
장군바위 : 장보고가 말을 타고 올라가 청해진을 내려다보았다는 곳

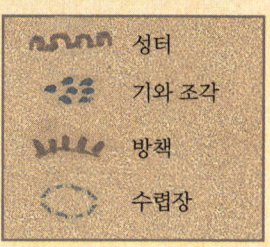

청해진 유적도

장보고

1
바닷가 아이들

"정년아, 어디 있니?"

궁복은 큰 소리로 정년을 불렀습니다. 하지만 궁복의 외침은 갈매기 소리에 곧 잠겨 버렸습니다. 정년은 대답이 없었습니다. 궁복은 걱정스러운 눈으로 바다를 뚫어지게 쳐다보았습니다.

궁복은 초여름의 완도 바닷가에 서 있었습니다. 하늘에는 하얀 솜 같은 뭉게구름이 떠 있었습니다. 썰물이 되어 물이 빠져 나가자 눈앞에는 널따랗게 갯벌이 펼쳐졌습니다. 바로 눈앞에 보이는 섬까지 걸어갈 수 있을 정도로 물이 많이 빠져 있었습니다.

이른 새벽부터 말 수레에 짐을 싣고 장터까지 다녀온 궁복이었습니다. 점심을 먹고 나서야 궁복은 정년과 함께 바닷가로 가서 물 속에서 오래 견디기 놀이를 하며 놀았습니다. 궁복이 바닷물에서 나온 지도 벌써 한참이 지났습니다.

　　"정년아, 내가 졌어. 얼른 물 속에서 나와!"

　　궁복이 크게 소리를 질렀습니다. 그제야 저 멀리 바닷물 속에서 정년의 머리가 불쑥 솟아올랐습니다. 눈깜짝할 사이에 정년은 바닷가까지 헤엄쳐 와 궁복의 옆에 나란히 섰습니다. 정년의 몸에서 바닷물이 뚝뚝 떨어졌습니다. 이제 막 열다섯 살이 되었을 뿐이지만 정년은 아주 다부지고 튼튼해 보였습니다.

　　"너 때문에 걱정했잖아."

　　반가운 마음에 궁복은 정년을 보고 활짝 웃었습니다. 입술 사이로 드러나는 이가 갈색으로 탄 얼굴 때문에 더욱 하얗게 빛났습니다.

　　"형이 진즉 졌다고 말했으면 벌써 나왔을 것 아냐."

　　"알았다, 알았어."

　　궁복은 정년보다 두 살이 위였습니다. 궁복의 키는 정

년보다 클까 말까 했지만 얼굴은 제법 어른스러운 티가 났습니다.

가까운 언덕의 나뭇가지에 매어 둔 말이 히이잉거리며 알은체를 했습니다. 궁복의 집엔 말 두 마리와 수레가 있습니다. 그래서 가까운 이웃들이 짐을 나를 때면 삯을 받고 짐을 날라 줍니다. 어떤 때는 무역선들이 뜨는 포구가 있는 마을까지 짐을 나르기도 합니다. 궁복은 열 살이 넘으면서부터는 수레를 끌고 멀리까지 가기도 했습니다.

집에 말이 있기 때문에 궁복은 어려서부터 말을 가까이 했습니다. 궁복과 단짝인 이웃 마을 정년이도 말을 잘 다룹니다. 그래서 바닷가에 나올 때에도 둘은 말을 타고 나왔습니다.

이곳 바닷가에 있는 개펄은 단단해서 말을 달리기에 좋았습니다. 둘은 차례로 말을 달리며 재주를 부렸습니다. 특히 정년은 말 타기와 말 위에서 재주 부리기를 아주 잘 했습니다. 정년은 말 위에 선 채로 말을 달리기도 했습니다.

"형은 이렇게 못하지?"

숨을 고르며 정년이 놀리듯 궁복에게 말했습니다.

"나도 할 수 있어."

궁복은 정년이 했던 것처럼 말 등 위에 서 보았습니다. 다리가 떨려서 균형을 잡는 것이 쉽지 않았습니다. 궁복은 정년처럼 오랫동안 서서 달리지 못하고 그만 말 위에 주저앉았습니다.

"그것 봐. 형은 못 하잖아."

"아냐. 나도 연습만 하면 할 수 있어."

궁복은 지기 싫어서 큰 소리를 쳤습니다.

"정년아, 우리 활 쏘기 해 보자!"

궁복이 먼저 대나무로 만든 활에 화살을 메웠습니다. 멀리 풋사과들이 매달린 사과나무가 보였습니다.

"사과나무 가장 위쪽에 매달린 사과야!"

궁복은 한참 동안 겨눠 본 뒤 화살을 쏘았습니다.

휘이익……. 활시위를 떠난 화살은 궁복이 겨냥했던 사과와 그 뒤쪽의 사과까지 두 개를 한꺼번에 맞혔습니다.

이번에는 정년의 차례입니다. 정년은 아무 말 없이 궁복이 쏜 것 바로 옆의 사과를 겨누었습니다. 화살은 사과의 위쪽을 뚫고 지나갔습니다.

정년이 입을 삐쭉 내밀었습니다. 활 쏘기는 언제나 궁복이 한 수 위였습니다. 한참 동안이나 그렇게 놀던 두 사람은 땀을 식히느라 다시 바닷물로 들어갔습니다.

바닷물에서 나올 때 정년의 손에는 커다란 낙지 한 마리가 들려 있었습니다. 정년은 날카로운 돌멩이로 낙지를 쭉 찢어 한쪽을 궁복에게 건네 주었습니다. 둘은 꿈틀거리는 낙지를 입에 넣고 우물우물 씹었습니다.

"형, 우리 언제 서라벌(경주) 구경 한번 가자!"

"그래. 하지만 가 본들 우리를 반길 사람이 있어야 말이지."

"그냥 구경만 가는 건데, 뭐."

"난 별로 가고 싶지 않아. 그곳 사람들 하고 사는 꼴을 보면 배가 아플 것 같아. 백성들은 먹을 게 없어 하는 수 없이 당 나라로 가서 살기도 하고, 자식을 노예로 팔기도 하잖니? 이런 판에도 그들은 우리가 어떻게 사는지조차 잘 모를 거야. 우리네들과는 달리 잘 먹고 잘 살겠지."

"형, 근데 서라벌에 사는 사람들만 벼슬도 할 수 있다던데, 그게 사실이야?"

"응, 골품이 높지 않은 사람은 벼슬을 할 수도 없고, 골품이 높다고 해도 서라벌에 살지 않으면 벼슬 하기 힘들지. 군인도 마찬가지야, 평민은 군인이 되어도 장군이 될 수가 없어. 우리처럼 골품도 없는 평민은 아무리 무예를 갈고 닦아도 소용이 없다니까."

궁복의 말에 정년은 시무룩해져서 먼 바다만 바라보았습니다.

"형, 그래도 난 열심히 무예를 익힐 거야. 무예를 갈고 닦아서 당 나라에 갈 거야. 당 나라에 가서 장군이 될 거야."

궁복은 사뭇 진지하게 말을 하는 정년을 바라보며 빙긋이 웃었습니다.

얼마 전까지도 하얗던 뭉게구름이 어느새 검은 구름으로 변해 있었습니다.

"어, 먹구름이 몰려오네. 얼른 돌아가야겠다."

궁복과 정년은 말 등에 나란히 올라탔습니다. 궁복은 정년을 먼저 내려 주고, 다시 말을 달려 집 마구간 앞에 내렸습니다. 말을 마구간에 들인 뒤 털을 닦아 주고 발굽에 박힌 흙도 털어 냈습니다. 말은 기분 좋게 그르릉거렸습니다. 들에서 베어 온 풀을 썰어 여물통에 넣어 준 뒤 궁복은 마당으로 들어섰습니다.

어느새 가을이 오자 마을 논과 밭에는 곡식 이삭들이 누렇게 익었습니다. 고개 숙인 이삭들은 바람이 불면 쏴아 쏴아 소리를 내며 파도처럼 출렁댔습니다.

"궁복아, 추석이 가까웠으니 엄마랑 같이 절에 다녀오자꾸나."

"예."

궁복은 절에 가는 것을 좋아했습니다. 궁복은 쌀 자루를 등에 졌습니다. 어머니는 과일이 든 보따리를 머리에 이었습니다. 절로 가는 발걸음이 가벼웠습니다.

궁복이네 집에서 절을 가자면 산을 두 개나 넘어야 합니다. 절에 도착하자 노스님이 궁복을 반갑게 맞아 주었습니다.

궁복은 두 손을 한데 모아 합장을 하며 인사를 올렸습니다.

"어서 오너라, 허허, 궁복이 많이 컸구나."

어머니는 이고 온 쌀로 밥을 짓고 과일을 씻어 부처님 앞에 놓았습니다. 그리고 스님의 독경 소리에 맞춰 열심히 절을 했습니다. 궁복도 옆에서 절을 했습니다.

"마하반야바라밀다심경……."

불공을 올린 뒤였습니다. 궁복을 무척 아끼는 스님이 어머니에게 말했습니다.

"이제 궁복이도 다 자랐으니 늦기 전에 제가 데리고 공부를 좀 시켰으면 합니다."

"공부라니요?"

"큰 사람이 되려면 글을 알아야지요. 궁복이는 여느 아이들과는 달라요. 큰 사람이 될 겁니다. 그러니 글공부를 시켜야지요. 또 부처님과 인연을 맺었으니 부처님 가르침도 배워야지요."

어머니가 궁복을 쳐다보았습니다.

"공부를 하기에 딱 알맞은 나이지요."

"아이 아버지와 의논을 해 보겠습니다."

그날 저녁 궁복의 아버지와 어머니는 머리를 맞대고 의논을 했습니다. 부엉이가 부엉부엉 울며 밤을 지켰습니다.

골품 제도

핏줄에 따라 계급이 정해지는 신라 시대의 신분 제도입니다. 신라 사람들은 어떤 집안에서 태어났느냐에 따라, 태어나면서부터 성골, 진골, 6두품, 5두품, 4두품, 평민(3두품, 2두품, 1두품)으로 나뉩니다. 계급에 따라 오를 수 있는 관직이 정해지고, 심지어는 집의 크기, 마구간의 크기까지 정해집니다.

이 가운데서 성골과 진골은 왕족으로 모든 관직에 오를 수 있습니다. 하지만 6두품은 아무리 능력이 뛰어나도 '아찬' 벼슬까지만 할 수 있습니다. 또 성골, 진골이나 6두품으로 분류된 사람도 경주에 살아야만 골품이 유지될 수 있습니다. 골품 제도는 경주 사람들이 다른 지방 사람들을 다스리기 위한 제도라고도 볼 수 있지요.

이처럼 신라는 골품제의 나라였습니다.

2
마음 공부를 하며 무예를 닦다

　며칠 뒤였습니다. 궁복은 간단한 짐을 꾸린 뒤 집을 나섰습니다. 어머니는 궁복의 모습이 보이지 않을 때까지 지켜보고 있었습니다.
　'스님께서 무슨 공부를 시키신다는 걸까?'
　아직까지 책이라는 걸 본 적이 없는 궁복은 글자가 어떤 건지도 알지 못했습니다. 다만 높은 관리들이 지나갈 때 앞서가는 하인들이 들고 가는 깃발에 써 있는 게 글자라는 것만 알고 있었습니다.
　파란 대나무들이 하늘을 찌를 듯 솟아 있는 숲을 지났습니다. 산을 두 개 넘고 소나무 숲을 지나자 절로 가는 오솔길이 보였습니다. 절은 산 중턱에 자리잡고 있었습니다. 마침 노스님이 참선을 하고 있어, 다른 스님이 궁복이 쓸 방을 가르쳐 주었습니다.

짐을 풀고 나서 숨을 돌리며 앉아 있었습니다. 절 뒤 소나무에 집을 지은 까치들이 우는 소리가 들려 왔습니다. 노스님은 저녁 때가 다 되어서야 궁복을 보러 왔습니다.

"왔구나. 내일부터 아침 일찍 일어나 마당을 쓸도록 해라."

"예."

다음날 아침, 스님이 도량석을 돌며 목탁을 치는 소리에 궁복은 잠에서 깨어났습니다. 아직 바깥은 어두컴컴했습니다. 궁복은 졸린 눈을 비비며 자리에서 일어났습니다. 얼른 밖으로 나가 찬물로 세수를 한 뒤, 법당 안으로 들어갔습니다. 마침 새벽 예불이 시작되고 있었습니다.

법당에는 노스님과 젊은 스님 두 분이 경을 외며 절을 하고 있었습니다. 궁복은 독경 소리를 알아들을 수는 없었지만 스님들이 절을 할 때마다 열심히 절을 했습니다.

예불을 마치고 나온 궁복은 스님이 시킨 대로 절 마당을 비로 쓸기 시작했습니다. 가을이어서 낙엽들이 절 마당을 가득 덮고 있었습니다. 궁복은 낙엽들을 한 곳으로 모은 뒤 태웠습니다.

마른 낙엽은 순식간에 타서 재가 되었습니다. 노스님이 다가왔습니다.

"궁복아, 봄에 돋아난 싹도 여름이 되면 푸르렀다가 가을이 되면 이렇게 떨어져 재가 되어 흙으로 돌아가는구나. 우리네 삶도 마찬가지란다. 제 아무리 잘난 사람이라도 사람은 모두가 언젠가는 흙으로 돌아가게 마련이란다."

마침 바람이 불어 왔고, 낙엽 탄 재는 바람에 날려 사라졌습니다. 궁복은 스님이 무슨 말씀을 하려는 건지 선뜻 이해가 가지 않았습니다.

"스님, 그러면 우리네는 어떻게 살아야 하는 건지요?"

"허허, 부처님의 가르침을 배워 부처님 뜻대로 살면 되는 거지."

"부처님의 가르침은 배우기가 어려운가요?"

"그렇지 않단다. 부처님의 가르침을 깨닫는 방법은 여러 가지가 있단다. 그래서 사람에 따라 그 방법을 달리할 수가 있지. 우리 모두가 마음 먹기에 따라 가르침의 모습도 달라진단다."

"그럼 마음을 제대로 먹기만 하면 가르침의 모습이 보이나요?"

"허허, 바로 그거란다. 마음을 제대로 먹으면 부처님의 가르침을 알 수 있단다."

궁복은 '마음을 제대로 먹으면 부처님의 가르침을 알 수 있다.'는 말을 마음속으로 되뇌었습니다.

점심을 먹고 나자 노스님은 궁복을 법당으로 불러 참선을 시켰습니다.

"네 마음이 어떻게 생겼는지 잘 들여다보거라!"

마음을 들여다보는 일은 쉽지 않았습니다. 마음을 들여다보고 있노라면 궁복은 어느새 정년과 뛰놀던 바닷가로 가 있었습니다. 그리고 집에 있는 어머니, 아버지의 모습도 떠올랐습니다. 또 말을 타고 들판을 달리던 생각도 났습니다.

'마음은 정해진 모양이 없는 것 같아.'

한자리에 가만히 앉아 있는 것이 점점 지루해졌습니다. 자꾸 몸이 뒤틀리기 시작했습니다. 어느새 노스님이 소리 없이 들어왔습니다.

"이 노옴, 마음이 어떻게 생겼더냐?"

스님의 물음에 궁복은 아무 대답도 하지 못했습니다.

"허허, 얼른 집에 가서 네 마음을 데려오도록 해라!"

궁복은 노스님의 말에 움찔했습니다. 꼭 자신의 마음을 들킨 것 같았거든요.

"오늘은 그만하고 글공부를 좀 하자꾸나."

스님은 납작하고 제법 널찍한 돌을 궁복의 앞에 놓았습니다. 옆에는 물과 먹이 함께 있었습니다.

스님이 먼저 붓에 먹을 찍어 하늘 천과 땅 지 그리고 일부터 십까지의 숫자를 썼습니다. 그러고는 궁복에게 붓을

건네 주었습니다.

"너는 물을 찍어 글씨를 쓰도록 해라. 글씨가 완전히 외워지면 마지막에는 먹으로 써도 좋다."

궁복은 처음 하는 글공부가 몹시 신기하기도 하고 낯설기도 했습니다. 궁복은 한 자 한 자씩 입으로 외고 손으로 쓰며 열심히 공부했습니다.

그렇게 겨울이 가고 봄이 왔습니다. 시냇물이 졸졸대며 흐르기 시작했고, 진달래며 개나리가 피어 산을 예쁘게 꾸몄습니다.

다시 가을이 찾아올 무렵 정년이 궁복을 찾아 절에 왔습니다.

"궁복이 형, 여기서 뭐 하는 거야?"

"응, 글도 배우고 마음 공부도 해."

"글?"

"스님 말씀이 글을 모르면 사람 노릇을 제대로 하기 힘들대."

"마음 공부는 또 뭐야?"

"마음을 제대로 가져야 부처님 가르침을 알 수가 있거든."

정년은 아무 말 없이 땅바닥만 내려다보며 한참을 있었습니다.

"형, 나도 같이 공부하면 안될까?"

"그래? 스님께 여쭤 볼게."

그날부터 정년도 함께 공부하게 되었습니다. 늦게 시작하긴 했지만, 정년도 글공부에 아주 열심이었습니다. 노스님은 둘이 열심히 공부하는 모습을 보며 흐뭇하게 웃었습니다.

글은 주로 젊은 스님이 가르쳐 주었습니다. 시간이 흐

르면서 궁복과 정년은 웬만한 책을 읽을 수 있게 되었습니다. 마음 공부는 노스님이 직접 해주었습니다. 노스님은 참선을 통해 마음 자리를 들여다보는 공부를 시켰습니다.

어느날 궁복은 노스님께 여쭈어 보았습니다.

"스님, 부처님은 모든 사람이 귀하고 천한 것이 없다고 하셨습니다. 그런데 어찌하여 골품제라는 것이 있는지요?"

"으음, 제법 어려운 질문을 하는구나. 그건 사람이 만든 법일 뿐이란다. 부처님의 세계에는 그런 것이 없단다. 사람이 만든 법은 언젠가는 스러지게 마련이지. 하지만 부처님의 가르침은 스러지는 법이 없단다."

이번에는 정년이 물었습니다.

"스님, 사람을 노예로 사고 파는 일은 왜 생기는지요?"

"그것도 사람들이 부처님의 가르침을 따르지 않기 때문에 생기는 거란다. 그래서 우리 같은 부처님 제자들은 그 가르침을 널리 펴기 위해 노력하는 거란다. 언젠가는 부처님의 가르침이 이 세상에도 널리 퍼질 날이 있을 것이다. 너희들도 부처님의 가르침을 따르는 제자로서 부처님의 가르침을 널리 펴는 일을 해야 할 것이야."

절에 있는 동안에도 궁복과 정년은 무예를 닦는 일을

잊지 않았습니다. 말을 탈 수는 없었지만 활 쏘기와 창검술은 할 수 있었습니다. 절에서 산등성이를 따라 조금 걸어 올라가면 널따란 운동장 같은 곳이 나옵니다. 궁복과 정년은 매일 그곳에 올라 나무 칼이나 나무 창으로 훈련을 계속했습니다. 연습을 계속한 덕분에 궁복과 정년의 무예 실력은 하루가 다르게 늘어났습니다. 과녁을 맞히는 활 쏘기도 계속했습니다. 하지만 절에서 살면서부터 살아 있는 동물을 죽이거나 다치게 해서는 안되었습니다.

"정년아, 저기 날아가는 새 보이니? 저 새를 죽이지 않고 떨어뜨릴 수 있을까?"

"글쎄. 죽이지 않고 떨어뜨리려면 날개만 살짝 건드려야 하는데……."

궁복은 화살촉을 빼고 나서 화살을 시위에 얹었습니다. 화살이 하늘을 향해 날아올랐습니다. 화살이 새의 날개를 맞히는가 싶더니 새가 더 이상 날지 못하고 아래로 떨어졌습니다. 잠시 후, 새는 다시 하늘로 날아올랐습니다.

"형! 정말 대단하다!"

이번에는 정년이 화살촉을 뺀 화살을 활시위에 얹었습니다. 가까운 곳에 참새 한 마리가 날고 있었습니다. 정년

이 쏜 화살이 참새를 향해 날아갔습니다. 참새는 아무 일도 없다는 듯이 하늘을 계속 날았습니다. 화살이 빗나가 버린 것입니다. 활 쏘기가 끝나자 둘은 나무 창과 나무 칼로 창검술을 연습했습니다.

그렇게 3년이 지났습니다.

"형, 나는 집으로 돌아갈래. 가서 말 타기도 더 하고 무예도 더 닦을래."

정년이 집으로 돌아가고 나서도 궁복은 절에 남았습니다. 절에서 생활한 지도 벌써 다섯 해가 지났습니다. 추석이 가까워오자 궁복은 집에 다녀올 채비를 했습니다.

"스님, 집에 다녀오려고 합니다."

"그렇잖아도 너랑 할 이야기가 있구나. 네가 절밥을 먹은 지도 벌써 다섯 해가 지났다. 이제 너도 앞날에 대해 생각해 볼 때가 된 듯 싶구나. 그래, 어떻게 할 생각이냐?"

궁복은 아무 대답도 하지 못했습니다.

"내 말은 머리를 깎고 스님이 될 생각은 없냐는 뜻이다. 궁복이 넌 그릇이 크다. 하지만 그릇이 큰 사람이 바깥 세상에 나가 살다 보면 좋지 않은 일도 따르는 법이지. 내가 보기엔 스님이 되지 않고 다른 길을 걸으면 끝이 좋지 않을 것 같구나. 너는 도를 닦으면 큰 스님이 될 수 있는 그릇이야."

"생각해 보겠습니다, 스님."

"그럼 추석을 잘 쇠고 오너라. 올 때는 네 생각을 정리

해 오도록 해라."

집으로 돌아가는 길에 궁복은 깊은 생각에 빠져 있었습니다.

마음 공부(참선)

참선은 본 마음, 즉 참 나를 밝히는 일입니다. 본 마음, 참 나는 누구에게나 있는 깨끗하고 완전한 마음입니다. 그래서 이러한 본 마음, 참 나를 보려는 노력이 바로 마음 공부, 즉 참선인 것입니다. 참선은 편안하고 즐거운 마음가짐으로 시작해야 하는데, 모든 바람과 모든 생각을 놓아 버리는 상태를 뜻하지요.

산을 바라보며 참선중인 노스님

3
해적을 해치우다

궁복은 집 마당으로 들어섰습니다.
"어머니!"
아무런 대답이 없었습니다. 궁복은 짐을 마루에 내려놓고 어머니를 찾아 밭으로 갔습니다. 그곳에도 어머니는 없었습니다.
'어딜 가셨지?'
하는 수 없이 집으로 돌아와 마루에 걸터 앉았습니다. 마구간에 말이 없는 것으로 보아 어디 멀리 나간 게 틀림없었습니다.
저녁이 다 되어서야 어머니와 아버지가 함께 들어왔습

니다. 어머니의 얼굴에 걱정이 가득했습니다.

"우리 아들 왔구나!"

어머니는 궁복을 끌어안으며 울음을 터뜨렸습니다. 궁복은 무슨 일이 있다는 걸 눈치 챘습니다. 그제야 누이동생인 순이가 보이지 않는다는 걸 깨달았습니다.

"순이는 어디 갔지요?"

"그게, 순이가 말이다······."

어머니는 울먹이면서 말을 이었습니다.

"순이가 바닷가에서 조개를 캐다가 그만······ 당 나라 해적선에 끌려갔지 뭐니."

"예? 뭐라고요! 어떻게 이런 일이······."

궁복은 믿을 수가 없었습니다. 주위에서 자주 일어나던 일이었지만 자신의 누이가 노예로 끌려가리라고는 생각조차 하지 못했습니다.

"어머니, 너무 걱정 마세요. 제가 꼭 찾아볼게요."

궁복은 어머니의 걱정을 덜기 위해 그렇게 약속을 했습니다. 하지만 바다 건너 멀리 있는 중국 땅에서 누이를 찾는다는 건 말처럼 그리 쉬운 일이 아니었습니다.

그날 어머니는 울다 한숨 짓다 하면서 밤을 지새웠습니

다. 궁복도 잠을 이루지 못했습니다. 마음속으로는 '나무 아미타불 관세음보살'을 계속 불렀습니다.

'부처님, 제 누이를 보호해 주세요.'

그해 추석은 제사조차 제대로 지내지 못하고 말았습니다. 밥 한 그릇, 물 한 그릇을 떠놓고 조상님께 절을 꾸벅한 것이 전부였습니다.

궁복은 날마다 누이가 끌려갔다는 바닷가에 나가 바다 건너편을 쳐다보았습니다.

'누이를 찾아야 해. 그런데 어떻게 찾지?'

소식을 들은 정년이 궁복을 찾아 왔습니다.

"형, 나랑 같이 당 나라로 가자! 가서 순이를 찾아 와야지."

예전부터 당 나라로 건너가고 싶어 하던 정년은 어렵지 않게 말했습니다. 그러나 궁복은 정년의 말에 아무런 대꾸도 하지 않았습니다.

"당 나라 땅은 엄청나게 넓다던데……."

"그래도 찾을 수 있어!"

그날 저녁 궁복은 부모님께 말씀드렸습니다.

"아버지, 어머니, 저는 당 나라로 가려고 합니다. 가서 순이를 찾아 오겠습니다."

"안된다. 궁복이 너마저 잃고 말 게야."

"아닙니다. 꼭 순이를 찾아 함께 돌아오겠습니다."

"안된다니까."

어머니가 허락을 하지 않았지만 궁복의 마음은 이미 정해져 있었습니다.

"순이도 찾고 당 나라 구경도 하고 싶습니다. 저희 같은 평민은 신라에서 할 수 있는 것이 농사와 고기잡이밖에 없지 않습니까? 당 나라에 가면 무언가 제게 맞는 일을 할 수 있을 것 같다는 생각이 듭니다."

궁복이 하도 끈질기게 조르는 바람에 부모님은 당 나라에 가도 좋다고 허락을 했습니다.

당 나라에 가겠다는 결심을 절의 노스님께도 알려야 했습니다.

"스님, 누이동생을 찾아 당 나라로 가려고 합니다."

"몸조심하거라. 그리고 언제든 다시 돌아오면 나를 찾아오너라."

"예, 스님."

절에 다녀온 궁복은 당 나라로 갈 채비를 서둘렀습니

다. 정년도 함께 가기로 했습니다.

먼저 당 나라로 가는 배편을 알아 봐야 했습니다. 이리저리 알아 보았더니 영암에서 출발하는 배가 있었습니다. 그런데 배는 날씨에 따라 출발이 앞당겨지기도 하고, 늦추어지기도 했습니다. 출발 날짜가 정확하게 정해진 것이 아니었습니다. 그래서 궁복과 정년은 미리 그곳에 가서 기다려야만 했습니다.

궁복은 어머니, 아버지께 먼길을 떠나는 인사로 큰절을 올렸습니다.

"어머니, 꼭 순이를 찾아 올게요."

"흐흐흑, 몸이나 건강하거라."

영암 포구에 도착한 궁복과 정년은 주막에 묵으며 배가 뜨기를 기다렸습니다.

"언제쯤이나 배가 뜰까요?"

"돛단배라 바람이 좋아야 배가 뜨지."

영암에 도착한 지 보름 가까이 되었을 때였습니다. 배가 뜬다는 소식이 왔습니다. 궁복과 정년은 포구로 가서 배에 올라탔습니다. 그 배는 고향에서 타던 고깃배와는 모양도 크기도 달랐습니다.

당 나라로 가는 상인들과 살기 힘들어 당 나라로 이민을 가는 사람들이 배에 올랐습니다. 순풍이 불기 시작하자 배가 출발했습니다. 북동풍을 받아 부푼 돛이 배를 앞으로 나아가게 만들었습니다.

배에 탄 사람들은 눈앞에서 보이지 않을 때까지 고향 땅을 쳐다보고 있었습니다. 더러는 눈물을 흘리는 사람도 있었습니다. 궁복은 마음속으로 순이를 꼭 찾아 오리라고 다짐을 했습니다. 정년은 당 나라에서 무엇을 해야 할지 생각하느라 바빴습니다. 하지만 궁복 형이 누이동생 순이를 찾는 일을 돕는 게 먼저였습니다.

궁복은 상인들의 짐꾸러미 속에 무엇이 들었는지 궁금했습니다.

"죄송합니다만 어르신, 중국으로 장사를 가시는지요?"

"그렇다네."

"어떤 물건을 가지고 가시는 건지요?"

"신라의 먹이며 종이 그리고 돛을 만드는 베와 비단 같은 것들이지. 일본에서 나는 면도 있다네."

"그렇군요. 저, 어르신, 제가 어르신의 짐꾼 노릇을 하면 안될까요?"

"허허, 당 나라에 도착하면 짐꾼들이 기다리고 있으니 그럴 필요가 없네."

"그래도, 잔심부름이라도 하고 싶은데요."

상인은 궁복을 아래위로 찬찬히 뜯어보았습니다.

"자네, 잘할 수 있는 게 무언가?"

"저는 활도 잘 쏘고 말도 잘 탑니다. 아, 저는 글도 읽고 쓸 수 있습니다."

그 말에 상인의 눈빛이 달라졌습니다.

"그래? 그렇다면 중국에 도착해 나를 따라오게. 자네를 소개해 줄 데가 있을 것 같네."

"고맙습니다, 어르신."

궁복은 속으로 여러 가지 생각을 했습니다.

'순이를 찾으려면 시간이 많이 걸릴 거야. 그렇다면 묵을 곳도 있어야 할 텐데……. 장사꾼을 따라다니면 여기저기 수소문을 하고 다니기도 좋을 거야.'

궁복은 한참 동안이나 뱃전에서 바람을 쐬었습니다. 늦가을이라 제법 차가운 바람이 옷깃을 날렸습니다.

"고래 떼다!"

누군가가 지르는 소리에 궁복은 주위를 살펴보았습니

다. 배 앞으로 고래 대여섯 마리가 물줄기를 내뿜으며 지나가고 있었습니다. 그다지 크지 않은 돌고래였습니다.

"고래를 만나면 좋은 일이 생긴다던데!"

누군가의 말에 모두들 고래를 쳐다보며 즐거워했습니다. 배가 출발한 지 이레가 되도록 날씨가 좋았고, 바람도 잘 불었습니다. 배는 미끄러지듯 항해를 계속했습니다. 밧줄을 타고 돛대 위의 망루로 올라가 주위를 살피던 선원이 소리쳤습니다.

"멀리 육지가 보인다!"

사람들은 이제 하루 정도면 당 나라의 숙성촌에 도착할 거라고 말했습니다. 당 나라에 거의 다 왔다는 말에 궁복은 가슴이 두근거렸습니다.

바로 그 때였습니다. 그다지 멀지 않은 곳에서 배 한 척이 다가오고 있는 것이 보였습니다.

망을 보던 선원이 외쳤습니다.

"해적선이다!"

"전속력으로 도망을 가야 합니다. 노를 저을 수 있는 사람은 모두들 노를 저어 주세요!"

선장의 말에 선원이 아닌 젊은이들 몇 사람도 힘을 합

쳐 노를 젓기 시작했습니다. 그러나 해적선은 배를 바짝 뒤쫓아 왔습니다. 얼마 지나지 않아 해적선은 궁복이 탄 배를 따라잡고 말았습니다. 화살 몇 대가 배를 향해 날아왔습니다. 배 안은 아수라장이 되고 말았습니다. 모두들 배 밑창으로 내려가 몸을 숨기느라 바빴습니다.

해적들이 배를 바짝 갖다 댄 뒤 궁복이 탄 배로 건너왔습니다. 해적들이 든 칼이 햇빛을 받아 번쩍였습니다. 배 위에는 선원 세 명과 선장 그리고 궁복과 정년과 상인만이 남아 있었습니다.

"모두들 손 들어!"

해적들이 중국 말로 외쳤습니다. 정년이 조그만 소리로 궁복에게 말했습니다.

"형, 어떻게 할까?"

"여남은 명 되는 것 같으니까 해치우자. 먼저 무기를 하나씩 빼앗아야 해."

해적들은 으름장을 놓으며 밧줄로 사람들의 손을 묶기 시작했습니다. 해적이 궁복의 손을 묶기 위해 그 앞으로 다가왔을 때였습니다. 궁복은 해적의 팔을 쳐 칼을 떨어뜨린 뒤 재빨리 칼을 집어 들었습니다. 정년도 해적의 팔을 움켜쥐어 칼을 빼앗았습니다.

한바탕 싸움이 벌어졌습니다. 정년과 궁복은 서로 등을 맞댄 채 해적들과 대거리를 했습니다. 칼과 칼이 부딪치는 소리가 쨍쨍 하고 울렸습니다. 비명 소리와 함께 해적들이 한 명씩 쓰러지기 시작했습니다. 그러자 한 귀퉁이에서 떨고만 있던 선원들과 선장도 칼을 가지고 해적들과 싸우기 시작했습니다. 해적들은 차례로 나뒹굴었습니다. 갑판 위는 해적들이 흘린 피로 붉게 물들었습니다.

이제 해적 두목만 남아 있었습니다. 궁복과 정년은 서로 눈짓을 한 뒤 두목이 들고 있는 쌍칼을 낚아챘습니다. 그리고 두목을 밧줄로 꽁꽁 묶었습니다.

"그저 살려만 주십시오. 다시는 이런 짓 하지 않겠습니다."

중국 말을 아는 선원이 통역을 했습니다.

"그건 안됩니다. 풀어 주면 또 다시 해적질을 할 겁니다."

"중국 관아로 데리고 가는 게 좋겠습니다."

선장은 선원들에게 시체와 부상당한 해적들로 어지러운 배 안을 말끔히 치우도록 지시를 했습니다. 배 밑창에 숨

어 있던 사람들은 그제야 배 위로 올라왔습니다.

두 젊은이가 해적을 해치웠다는 이야기를 들은 사람들은 궁복과 정년을 에워싸고 만세를 불렀습니다.

"궁복 장군, 정년 장군 만세, 만세!"

장군이라고 부르는 말에 궁복과 정년은 얼굴을 붉혔습니다. 궁복을 따라오려던 상인이 궁복의 손을 잡으며 말했습니다.

"정말 대단한 무예요. 몰라보아서 미안하오. 참, 나는 왕씨요."

다음날, 해가 저물 무렵 바로 눈앞에 육지가 보였습니다.

"육지다!"

배는 당 나라 해주(지금의 연운 항) 근처의 숙성촌 바닷가에 닿아 그날 저녁을 묵었습니다.

해적

바다 위에서 배를 습격하여 재물을 빼앗는 강도를 일컫는 이름입니다. 인간이 바다에서 활동을 시작할 때 해적도 함께 나타났다고 해야겠지요. 흔히 사람들은 해적이 난폭하지만 자유롭게 산다고 하여 부러워하기도 합니다. 해적 생활이 멋지다고 생각하는 사람도 있어요. 하지만 실제로는 삶이 힘들어 희망이 보이지 않는 사람들이 해적이 됩니다. 해적 생활도 대체로 고달프며 절망적인데, 풍랑, 질병과 싸우거나 체포되어 처형되는 경우도 많았지요.

4
신라방으로 가다

배는 숙성촌에서 물과 식량을 채웠습니다. 몇 사람은 그곳에 아예 내리기도 했습니다. 숙성촌은 배가 자주 드나드는 포구여서 주막도 있었고, 짐꾼처럼 보이는 사람들도 보였습니다.

궁복과 정년은 상인 왕씨의 짐을 일부 들쳐 메고 바닷가를 따라 걸었습니다. 그들은 한 주막으로 들어갔습니다. 신라의 주막과 하나도 다르지 않은 곳이었습니다.

주모가 반갑게 왕씨를 맞았습니다.

"어서 오세요! 몇 달 만인지 모르겠네요."

왕씨는 주모에게 궁복과 정년을 소개했습니다.

"이 젊은이들은 힘과 무예가 보통이 아니라네. 해적들을 물리치고 배가 안전하게 포구로 들어오게 해주었지. 앞으로 궁복 장군과 정년 장군으로 모시게."

궁복과 정년은 공손하게 인사를 했습니다.

"반가워요, 장군님들."

왕씨는 궁복과 정년에게 국밥을 시켜 주며 주모와 이야기를 나누었습니다. 저녁을 먹은 뒤 살펴보니 주막 근처에 있는 집들도 낯익었습니다. 그곳은 신라인들이 모여 사는 마을, 바로 신라방이었습니다.

"다시 신라로 돌아간 것 같아요. 어떻게 여기에 이렇게 많은 신라 사람들이 있지요?"

"신라가 통일을 할 때 당 나라 사람들이 포로로 끌고 온 백제와 고구려 사람들이라네. 그들이 여기저기 모여서 촌락을 이루며 산다네."

"살기가 힘들어서 신라에서 건너온 사람들도 있지요?"

왕씨는 대답 대신 고개를 끄덕였습니다.

"당 나라는 참 좋은 나라인 것 같아요. 다른 나라 사람들을 이렇게 받아 들이다니요."

"당 나라는 다른 나라 사람들에게도 문을 열어 놓은 나

라라네. 하지만 신라 사람들이 신라소나 신라방이 있는 현 밖으로 여행할 때는 당 나라에서 주는 통행증을 가지고 다녀야 하지."

"그럼 저희들은 어떻게 해야 하나요?"

"자유롭게 다니려면 신라소나 신라방에서 당 나라 통행증인 공첩을 발급 받아야겠지. 그렇지 않으면 관아에 붙잡혀 신라로 돌아가야 하거든."

궁복과 정년이 걱정스러운 얼굴로 고개를 끄덕였습니다.

"너무 걱정 말게. 내가 한번 알아 보겠네. 오늘 밤에는 이곳에서 쉬게."

식사를 마친 궁복과 정년은 주막의 방으로 들어갔습니다. 모처럼 팔과 다리를 쭉 뻗고 편하게 누웠습니다. 어디선가 피리를 연주하는 소리가 들려 왔습니다.

"우리 순이는 지금쯤 어디서 무얼 하고 있을까?"

"아마 잘 지내고 있을 거야."

정년은 끙 소리를 내며 등을 돌리고 잠을 청했습니다.

다음날 해가 뜨자마자, 잠자리를 털고 일어난 궁복과 정년은 이곳 저곳을 돌아보았습니다.

숙성촌의 신라 사람들은 여러 가지 일을 하고 있었습니다. 주로 소금을 만들거나 숯을 만드는 사람들이 많았습니다. 농사를 짓는 것 같지는 않았습니다. 또 바닷가여서 물고기를 잡아 생활하는 사람들도 있었습니다.

"이곳 사람들 사는 모습은 신라 바닷가와 별로 다르지 않은걸."

"그러게 말야."

궁복은 그렇게 말하면서 아주 길게 이어진 염전을 따라 걸었습니다.

'세상에! 염전이 끝이 없네. 중국이 넓기는 넓어.'

그러는 사이 궁복과 정년을 목적지까지 실어다 줄 신라 배가 다시 출발한다는 연락이 왔습니다. 궁복과 정년은 왕씨를 따라 배에 올라탔습니다.

배는 해안선을 따라 남쪽으로 내려갔습니다. 날씨는 좋았고, 바닷물은 잔잔했습니다. 밤이 되었지만 배를 댈 데가 마땅치 않아 배는 항해를 계속했습니다. 바람이 불지 않아 노를 저어서 가느라 생각보다 많은 시간이 걸렸습니다.

숙성촌에서 출발한 지 나흘째 되는 날 배는 회하의 강

어귀로 들어섰습니다. 배는 천천히 강을 거슬러 오르기 시작했습니다.

"이 배는 연수현을 지나 초주까지 갈 것이네. 그곳에도 신라방이 있지."

궁복은 연수현이며 초주 같은 낯선 지명들을 입으로 다시 외워 보았습니다. 강을 거슬러 오른 지 이틀째 되던 날 배는 천천히 아주 큰 포구로 들어섰습니다.

"연수현이다!"

그곳에서 절반 가까운 사람들이 내렸습니다. 왕씨는 가지고 온 짐 가운데 일부를 내려 그곳에서 기다리던 사람에게 전했습니다. 배는 연수현을 출발해서 초주로 향했습니다.

초주는 대운하와 회하가 만나는 곳으로 물길을 따라온 배와 화물들이 만나는 도시였습니다. 그래서 많은 사람과 화물들이 들고나는 곳이었습니다.

배가 초주에 닿자 모두들 내렸습니다. 배 위에서 잡힌 해적들도 줄에 묶인 채 배에서 내렸습니다. 궁복과 정년도 왕씨의 짐을 등에 지고 내렸습니다. 근처의 신라인 창고에 짐을 들인 뒤 왕씨는 길을 재촉했습니다. 초주에는 중국의 도시답게 제법 큰 집들과 상가들이 있었습니다. 신라와는 다른 모습과 분위기를 가지고 있었습니다.

번화한 곳을 벗어나자 호젓한 산길이 나왔습니다. 사람 하나가 겨우 지나갈 만한 오솔길이었습니다. 한참을 올라가다 보니 길이 더욱 좁아지는 듯했습니다. 가까운 곳에서 쿵쿵 하는 소리가 들려 왔습니다. 조금 더 앞으로 갔습니다. 바싹 마른 사내 두 명이 나무를 쓰러뜨리려고 힘겹게 도끼질을 하고 있는 모습이 보였습니다. 사내들의 발에는 도망가지 못하도록 큰 쇠뭉치가 달려 있었습니다.

"저 사람들은 누구죠?"

궁복이 이렇게 묻자 왕씨가 사내들을 쳐다본 뒤 큰 소리로 물었습니다.

"신라 말을 할 줄 아는가?"

"예, 할 줄 압니다."

"신라 어디에서 왔는가?"

"저희는 영광 사람들입니다. 해적들에게 잡혀 노예가 되었습니다."

"도끼로 저들의 발에 달린 쇠뭉치를 떼어내시오!"

왕씨의 말에 궁복과 정년이 달려가 쇠뭉치를 잘라내 버

렸습니다. 하지만 사내들은 도망 갈 생각은 하지 않고 벌벌 떨기만 했습니다.

"도망을 가도 곧 잡힙니다. 잡히면 채찍만 실컷 맞게 됩니다."

사내들의 등에는 채찍으로 맞은 기다란 상처가 빈틈없이 나 있었습니다.

"걱정 마시오. 나와 함께 신라방으로 갑시다."

왕씨의 말에도 사내들은 망설였습니다.

"그러다 다시 잡히면 어떻게 하지요?"

"내가 당신들의 몸값을 치러 주리다."

그제야 사내들은 그들을 따라 나섰습니다. 한나절이나 걸은 뒤에야, 그들은 조금 한적한 마을에 도착했습니다. 그곳은 초주의 신라방이었습니다. 여기저기 초가집과 기와집이 서 있는 마을은 신라의 마을과 꼭 닮아 있었습니다.

"이제 신라방에 다 왔네. 저기가 내 집이네."

왕씨가 마을 입구 쪽에 있는 널따란 집을 가리키며 말했습니다. 집 앞에 도착하자, 집을 지키고 있던 삽살개 한 마리가 꼬리를 흔들며 왕씨를 맞았습니다. 짐을 풀어 집 마당 한쪽에 있는 창고로 옮겼습니다.

"자, 먼 길 오느라고 고생들 했네. 궁복 장군과 정년 장군은 저쪽으로 들어가 푹 쉬시오. 그리고 나머지 두 사람은 나를 따라오시오."

왕씨는 두 명의 신라 사내들을 이끌고 일꾼들의 숙소가 있는 집 뒷채로 들어갔습니다.

초주 신라방의 상인 왕씨 집에서 궁복과 정년은 당 나라에서의 생활을 시작하였습니다.

신라방과 신라소

신라방이란 당 나라 시대에 중국 도시의 한 구역에 모여 사는 신라인들의 자치 구역을 가리킵니다. 초주 신라방과 연수현 신라방은 잘 알려져 있지요. 신라방의 장은 '총관'이라고 불리며 신라방의 행정 업무를 맡아 하지요.

초주 신라방 유적비

'신라소'란 신라인들이 모여 사는 촌락을 다스리기 위한 자치 기관입니다. 신라소의 공식 명칭은 '구당신라소'로, 신라소의 장은 '압아'였습니다. 신라소는 크게는 당 나라 지방 관아의 통제를 받았지만, 다스리는 지역 내에서는 나름대로 자치권이 있었습니다. 다만 당 나라에 사는 신라 사람들이 신라 사람들의 촌락을 벗어나 여행을 하고자 할 때에는 당 나라에서 발행하는 공첩이 있어야만 했습니다.

5
장사를 배우며
이사도를 무찌르다

다음날 왕씨는 궁복과 정년을 불렀습니다.

"나는 오늘 양주로 떠날 것이오. 두 장군은 공첩을 얻을 때까지 이곳에서 지내시게. 내가 공첩을 얻을 수 있도록 신라방 총관에게 이야기를 해놓았으니, 기다리면 될 것이오."

왕씨는 신라와 당 나라를 드나들며 물건을 사고 파는 장사꾼이었습니다. 왕씨는 자신이 가지고 온 물건을 더 작은 규모로 장사를 하는 작은 장사꾼에게 팔았습니다. 때로는 큰 장사꾼에게서 산 물건을 작은 장사꾼에게 되파는 일도 했습니다.

왕씨는 연수현과 초주 그리고 양주에 거래처를 두고 있었습니다. 이번에 양주에 가는 것도 그곳에 신라의 비단과 인삼을 사기를 원하는 상인이 있기 때문입니다.

궁복과 정년은 그날부터 말을 타고 신라방 여기저기를 돌아다니며 신라 사람들이 사는 모습을 구경했습니다. 신라방은 꽤나 넓은 지역을 차지하고 있었습니다. 또 사람들도 여러 가지 일을 하며 살고 있었습니다. 농사를 짓는 사람도 있었고, 배를 만들거나 고치는 사람도 있었습니다. 숯이나 소금을 배에 싣고 다니며 파는 사람도 있었고, 통역을 하는 역어들도 있었습니다. 물건을 파는 가게들도 꽤 여럿 있었습니다. 물론 선원들과 무역 상인들도 있었습니다.

"신라방에서만 살아도 불편할 게 없을 것 같아."

며칠 동안 신라방을 돌아다니며 궁복은 혹시나 하는 마음으로 누이동생 순이를 찾아보았습니다.

'이 넓은 중국 땅에서 순이를 찾을 수 있을까?'

궁복은 걱정이 앞섰습니다. 어느날 말을 타고 신라방의 장터에 갔을 때였습니다. 장터의 한쪽 공터에서 장사 두 사람이 씨름을 하고 있었습니다. 구경꾼들은 손에 땀을 쥐

며 지켜보고 있었습니다. 씨름이 끝나고 박수 소리가 터져 나왔습니다.

"형, 우리 말 재주 부리기 한번 할까?"

정년의 말에 궁복은 빙긋 웃으며 고개를 끄덕였습니다.

두 사람은 말을 탄 채 천천히 공터로 들어섰습니다. 정년이 먼저 말 재주 부리기를 했습니다. 말을 서서 탄 채 달리기도 하고, 말 옆에 매달려 말을 달리기도 했습니다. 또 물구나무를 선 채 말을 타기도 했습니다. 한 손으로 말 안장을 잡은 채 말의 등과 배를 빙그르 돌아 제자리로 오는 묘기도 보여주었습니다. 그 다음에는 둘이 한꺼번에 말 재주 부리기를 했습니다. 서로 건너뛰어 말을 바꿔 타기도 하고, 말을 바짝 붙인 채 말을 몰기도 했습니다.

"와! 정말 잘 한다."

손에 땀을 쥐며 구경을 하던 사람들은 재주 부리기가 끝나자 크게 박수를 쳤습니다. 그 일 때문에 궁복과 정년은 이래저래 신라방 안에서 유명해지기 시작했습니다.

양주로 떠난 왕씨는 한 달이 넘어서야 집으로 돌아왔습니다. 왕씨는 이번 장삿길에서 재미를 많이 보았습니다.

"허허, 이번 장사에서는 이익을 톡톡히 챙겼소이다. 특히 신라 인삼을 값을 많이 쳐서 받았어요. 두 장군이 아니었으면 해적에게 다 빼앗겼을 것인데 말이오. 이건 장군들 수고비요."

왕씨는 궁복과 정년에게 은을 열 냥씩 주었습니다. 궁복과 정년은 사양을 하며 받지 않으려 했으나, 왕씨가 기어코 은을 건네 주었습니다. 그날 저녁 궁복과 정년은 주막을 찾아 술을 마셨습니다. 주막 안에서는 고향 땅 신라를 그리며 신라 노래를 부르는 사람들도 있었습니다.

"당 나라에 온 지도 벌써 한 달이 넘었어. 순이도 찾지 못하고 세월만 가니……."

"공첩이 나와야 순이를 찾든지 말든지 할 것 아냐."

궁복은 단숨에 술잔을 비워 버렸습니다. 신라방으로 온 지 두 달 가까이 되던 어느날, 기다리던 공첩이 나왔습니다.

왕씨가 공첩을 건네 주며 말했습니다.

"장군들, 이제 어떻게 하시겠소?"

"저는 당 나라 군대에 들어가 장군이 되고 싶습니다."

정년이 먼저 말했습니다.

"그래요? 그럼 궁복 장군은?"

"저는 이곳에 남아 어른께서 하시는 일을 도우며 일을 배우고 싶습니다."

"그거 듣던 중 반가운 이야기군요."

왕씨는 궁복의 손을 잡으며 좋아서 어쩔 줄을 몰랐습니다.

"그렇지 않아도 장사가 커지면서 옆에서 도와줄 사람이 있었으면 하던 참이에요. 이거야말로 복덩이가 저절로 굴

러 들어온 셈 아니겠소?"

궁복은 자신이 당 나라에 오게 된 이유가 노예로 끌려간 누이동생을 찾기 위해서라는 이야기도 했습니다.

"이름이 순이라고요? 완도에서 살다 끌려왔고 나이는 이제 갓 스물이라고요? 내가 상인들을 통해 알아 보리다."

왕씨는 고개를 끄덕이며 순이에 대한 자세한 내용을 종이에 써 넣었습니다.

"참, 궁복이란 이름말고 중국식으로 이름을 하나 갖는 것이 어떻겠소? 내가 곰곰이 생각해 보았는데, 장사를 하려면 중국식으로 부르는 것이 편할 것 같소. 궁복이라는 이름을 풀어서 장보고로 부르면 좋을 것 같소."

"이름까지 지어 주시다니 그저 고마울 따름입니다."

"장사가 커져서 부자가 되면 거상이라고 부르지요. 기왕 장삿길로 나섰으니 나중에 '거상 장보고'로 불리기를 바라오."

"말씀이라도 고맙기 그지없습니다."

그 때부터 궁복은 장보고라는 이름을 쓰기 시작했습니다. 궁복은 처음에는 장보고라는 이름이 낯설었습니다. 하지만 속으로 자꾸 '거상 장보고'라는 말을 되뇌이면서 자신의 미래 모습을 그려 보았습니다. 흐뭇한 웃음이 얼굴에 번졌습니다.

한편 정년은 원하던 대로 당 나라의 군인이 되어 연수현으로 갔습니다. 워낙 무예가 뛰어났기 때문에 정년은 곧 백 명 정도의 군졸을 거느릴 수 있는 자리에 올랐습니다.

궁복은 왕씨의 손발이 되어 장사를 배우기 시작했습니다. 왕씨는 궁복을 데리고 다니며 양주와 초주의 상인들에게 소개를 해주었습니다.

"장보고라고 하는 내 동업자요. 앞으로 거상이 될 사람이지요. 무예가 뛰어나 해적들을 단숨에 때려 눕힐 정도입니다. 얕잡아 보았다간 큰코다치지요."

장보고는 왕씨가 자신을 동업자로 소개하자 가슴이 뿌듯했습니다.

'나를 동업자로 소개하다니……. 난 가진 것도 아무것도 없고 아는 것도 없는데.'

장보고는 왕씨의 그림자처럼 붙어 다녔습니다. 배를 타고 바다와 강과 운하를 누비며 다녔습니다. 장보고의 이름은 양주와 초주 그리고 연수현의 장사꾼들에게 널리 알려지기 시작했습니다.

양주에는 페르시아나 아라비아 같은 서역에서 온 상인들도 많이 있었습니다. 장보고는 서역에서 온 물건에도 관심을 갖게 되었습니다. 서역에서 온 상인들은 모직품과 페르시아 산 담요, 침향이나 정향, 유향 같은 향료, 동남 아시아 산 거북 등껍질, 자단과 같은 고급 목재, 공작의 꼬리 깃털, 유리 제품 같은 물건을 가지고 배를 타고 중국까지 들어왔습니다.

"세상에 이런 물건들이 다 있단 말입니까?"

장보고는 서역의 물건을 처음 보았을 때 놀라움을 감추지 못했습니다.

장보고는 당 나라에서 나는 도자기와 신라에서 가져온 인삼 그리고 비단 같은 물건들과 서역의 물건을 맞바꾸었습니다.

'물건을 살 사람이 어떤 물건을 마음에 들어할지를 미리 알면 좋을 것 같군. 일본 사람들은 어떤 물건들을 좋아할까? 신라 사람들은? 발해 사람들은?'

장보고는 각 나라와 지역 사람들이 좋아하며 찾는 물건에 대해서도 기록을 하기 시작했습니다. 언제나 물건을 살 사람들을 마음에 두고 물건을 생각했습니다.

그런데 장사꾼들이 사들인 물건들을 노리는 사람들이 있었습니다. 당 나라의 육지와 바다에는 도적 떼와 해적들이 항상 들끓었습니다. 그래서 장사꾼들은 무장을 하고 다녀야 했습니다. 무술이 뛰어난 장보고는 장사를 하기에 편했습니다. 물건을 싣고 다니다 보면 도적떼를 만나는 일도 가끔 있었지만, 도둑들도 장보고의 무술을 당하지는 못했습니다.

그리고 글을 안다는 것이 장사를 하는 데 무척 도움이 되었습니다. 장부에다 이곳 저곳에서 거래하는 상인들의 이름과 그 상인들이 즐겨 다루는 물건들을 기록했습니다. 시간이 흐르면서 장부는 점점 더 두꺼워지고 빽빽해졌습니다.

또 장보고는 지도를 들고 다니며 지도에다 필요한 내용들을 적어 넣었습니다. 그 지역을 다닐 때 필요한 내용들도 써 넣었습니다. 그 지역의 기후며 독특한 계절풍이나 물 속의 암초와 바닷물의 흐름 같은 특별히 주의해야 할 점에 대해서도 기록했습니다. 장보고의 지도는 점점 깨알 같은 글씨로 가득 차게 되었습니다.

'장사를 하는 사람에겐 이런 기록들과 경험이 무엇보다

큰 재산이야!'

왕씨와 장보고의 상방(서로 도울 수 있는 조직을 갖춘 상인들의 단체)은 점점 규모가 커지고 거래하는 물건과 상인들도 늘어났습니다.

'이젠 신라와 일본에도 물건을 팔아야겠어.'

하지만 바다를 통해 신라, 일본과 직접 무역하는 일은 당시 평로절도사였던 이사도가 독차지하고 있었습니다.

이사도는 고구려의 유민인 이정기의 후손인데, 이정기의 후손들은 벌써 3대에 걸쳐 산동성 일대를 다스리고 있었습니다. 이사도는 산동성 일대를 마치 하나의 독립된 왕국처럼 마음대로 다스렸습니다.

이사도는 당 나라 조정에서 '해운압신라발해양번사'라는 직함을 받아, 황해의 무역을 독점할 권한이 있었습니다. 이사도는 황해를 통한 무역이 산동 반도에서만 이루어지도록 했습니다. 산동 반도가 아닌 다른 곳에서는 황해를 통한 무역이 금지된 것입니다. 그래서 산동성의 상인이 아닌 왕씨와 장보고는 신라와 일본에서 직접 물건을 사 올 수도, 신라와 일본에다 직접 물건을 팔 수도 없었습니다. 신라, 일본과 무역하려면 산동 상인들을 통해야만 했고,

그들의 허락을 얻어야 했습니다.

　게다가 산동성의 상인들 가운데는 해적질을 하는 상인들도 있었습니다. 그들은 해적이 되어 물건을 싣고 가는 배를 빼앗기도 했습니다. 또 신라의 바닷가까지 와서 사람들을 잡아다 노예로 팔아 넘기기도 했습니다. 장보고의 누이도 그렇게 노예로 잡혀 간 것이지요. 이래저래 산동성을 다스리던 평로절도사 이사도는 악명이 점점 높아졌습니다.

　결국 이사도는 자신의 힘만 믿고 지나친 욕심을 부리고야 말았습니다. 당 나라 조정에 대항해 반란을 일으킨 것입니다.

　"우리의 힘은 당 나라의 조정을 넘어뜨릴 수 있소. 이제 우리가 이 중국 땅을 다스립시다!"

　이사도가 반란을 일으키자 당 나라 조정은 반란군을 진압할 군인들이 필요했습니다. 그래서 평로치청과 가까운 서주의 군대 가운데 무령군으로 하여금 반란군과 싸우도록 했습니다. 무령군은 군사를 모집한다는 방을 붙였습니다.

　정년은 자신이 들어 있던 군대를 떠나 무령군으로 들어갔습니다. 정년은 무령군을 실제로 다스리던 왕지흥에게 장보고의 무예에 대해서 이야기를 했습니다. 장보고에 대한 이야기를 들은 왕지홍은 정년을 통해 장보고에게 무령군으로 들어오라고 권했습니다.

"궁복 형, 형도 들어오지 그래."

"생각해 볼게."

장보고는 생각 끝에 평로치청의 반란을 다스리는 일에 자신도 힘을 보태기로 마음을 먹었습니다.

"이 싸움에 이기면 장사에도 도움이 되겠어. 산동성으로 진출할 수 있잖아? 그렇게 되면 일본, 발해와도 직접 무역을 할 수 있게 되고."

마침내 평로치청 군과의 싸움이 시작되었습니다. 정년과 장보고는 말을 타고 적진으로 달려 들어가 이사도의 목을 베었습니다. 당 나라의 유명한 시인 두목은 정년과 장보고의 용맹과 기상을 높이 사서 〈장보고 정년전〉을 남기기도 했습니다. 이렇게 해서 819년 당 나라의 골칫거리이던 평로치청은 역사의 무대에서 사라졌습니다.

무령군은 큰 공을 세운 장보고와 정년에게 군중소장의 직위를 주었습니다. 군중소장은 1천 명의 군졸을 거느릴 수 있는 자리입니다. 그러나 막상 장군이 되어 보니 반란군을 무찌른 뒤 무령군은 별로 할 일이 없었습니다.

"난 여기서 세월만 보낼 수는 없어. 다시 장사에 나서야겠어. 너도 나와 같이 장사를 하자."

"싫어, 형. 나는 장사 같은 건 하고 싶지 않아. 나한테는 군인이 잘 맞아."

정년은 고집을 부리며 장보고의 말을 듣지 않았습니다. 장보고는 서운했지만 어쩔 수가 없었습니다.

"언제라도 좋으니까 내 생각이 나거나 내 도움이 필요하면 찾아와. 알았지?"

"알았어, 형."

장보고는 군대에서 나와 다시 장사에 온 힘을 쏟았습니다. 무령군에서 세운 공로 덕분에 이젠 산동 반도에서 무역을 할 수 있게 되었습니다. 또 일본, 신라와도 눈치 보지 않고 직접 무역을 할 수 있었습니다.

〈장보고 정년전〉

당 나라의 시인인 두목(803~852년)이 쓴 《번천문집》 권 6에 실린 장보고와 정년의 전기입니다. 두목은 작은 이백, 작은 두보라고 불리는 당 나라의 유명한 시인인데, 그가 남긴 〈장보고 정년전〉은 장보고와 정년에 대한 매우 소중한 자료 가운데 하나이지요.

당시 당 나라는 잇따른 내란으로 어려움에 처해 있었습니다. 두목은 장보고와 정년을, 어려움에 처한 당 나라를 구할 영웅으로 보았습니다.

6
일본과도 장사를 시작하다

장보고의 나이도 이제 서른셋이 되었습니다. 당 나라에 건너온 지 어언 10년이라는 세월이 흘러갔습니다.

나이가 들면서 건강이 나빠진 왕씨가 장보고에게 말했습니다.

"이젠 내가 물러날 때가 된 것 같구먼. 이제 자네가 상방을 혼자 움직이게."

산동성에서도 자리를 잡은 장보고는 일본과 신라에까지 거래를 넓혀 갔습니다. 또 북쪽으로는 발해와도 거래를 했습니다. 발해의 말과 담비 가죽은 어디에서나 인기가 좋았습니다. 적산(석도)과 등주(봉래)에 사는 신라인들이 많은 도움을 주었습니다.

당시 나라 사이의 무역 거래는 외교 사절을 통해서만 이루어지는 것이 원칙이었습니다. 하지만 민간인들의 무역 거래도 이미 활발하게 이루어지고 있었습니다.

장보고는 이미 수십 척이 되는 무역선을 가진 큰 장사꾼으로 성장해 있었습니다. 장보고가 이렇게까지 크는 데는 중국 안에 퍼져 살고 있는 신라인들의 도움이 무척이나 컸습니다.

신라인들은 중국 각지에 거미줄처럼 퍼져 살고 있었습니다. 신라인들은 배를 만드는 일부터 배를 고치는 일 그리고 배를 타는 일까지 모두 할 수 있었습니다. 또 급한 소식을 전하는 데도 신라인들의 연락망은 큰 도움이 되었습니다.

'고향 땅을 떠나서도 신라 사람들의 도움으로 살아가다니……'

장보고는 자신이 신라인이라는 사실이 무척이나 가슴 뿌듯했습니다.

무역 거래가 늘어나면서 새로운 뱃길이 개척되기도 했습니다. 장보고는 자신의 지도에 이런 뱃길들을 그려 놓았습니다. 또 이미 개척된 뱃길에서 조심해야 할 암초와 해류에 대한 기록도 했습니다.

'때가 되면 당 나라에 사는 신라 사람들을 위해서 좋은 일을 해야겠어. 힘든 사람들도 돕고, 절도 하나 지어야겠어. 신라 사람들이 고향처럼 생각하고 다닐 수 있는 절을 말야.'

하지만 무역을 하는 것이 결코 쉬운 일은 아니었습니다. 바다에서 폭풍이라도 만나면 배는 부서지고 선원들은 모두 죽었습니다. 또 해적선을 만나 모든 물건을 빼앗기고 죽음을 맞는 일도 잦았습니다.

'폭풍은 부처님께 기도하면 된다지만, 해적들은 방법이 없어. 우리들 스스로가 지키는 수밖에…….'

장보고는 자신이 거느린 무역선들을 무장시켰습니다. 장보고의 무역선은 길이가 25미터가 넘었고, 폭은 8미터가 넘었습니다. 한 척에 사람이 150명 이상 탈 수 있는 크기였지요.

그런 큰 배에다 화살과 창 그리고 칼을 실었습니다. 선원들에겐 군사 훈련을 제대로 시켰습니다. 또 무역선이 한꺼번에 몇 척씩 움직일 때에는 진을 치고 해적들과 싸울

수 있도록 진법도 가르쳤습니다. 북 소리에 맞춰 배를 한 꺼번에 움직이는 훈련도 했습니다.

시간이 지나면서 장보고의 배는 해적들과 싸워서 지는 일이 거의 없게 되었습니다. 오히려 해적선에 잡혀 있던 노예들을 구해 주는 일까지 생겼습니다.

"해적선에서 구한 신라 노예들입니다. 어떻게 할까요?"

"그들을 풀어 주어 신라방에서 살 수 있도록 일자리와 보금자리를 마련해 주시오."

'사람은 모두가 평등해. 어떻게 사람이 사람을 노예로 부릴 수가 있단 말인가?'

장보고는 언젠가는 해적들을 모두 없애, 사람을 노예로 파는 일이 일어나지 않도록 해야겠다고 마음속으로 다짐했습니다.

'우리 순이는 살아 있을까?'

그 동안 이리저리 알아 보았지만 아직도 순이를 찾지 못한 장보고는 가슴이 답답했습니다.

장보고의 상방은 특히 일본과 활발하게 무역을 했습니다.

'내가 직접 일본에 한번 다녀와야겠어.'

824년 35세의 장보고는 자신의 무역선인 교관선을 타고 일본으로 향했습니다. 배에다 장보고라는 이름이 새겨진 커다란 깃발을 달았습니다.

"일본으로 장사를 떠나기 위해 우리 배를 탄 사람들을 부르는 이름이 있어야 할 것 같소. 나라에서 보내는 외교 사절과는 다른 이름이어야겠지."

장보고의 말에 부하 가운데 한 사람이 말했습니다.

"좋은 생각입니다! 회역사라고 부르면 어떨까요?"

"회역사라! 돌아다니며 물건을 바꾸는 사람들이라! 그거 좋은 이름이구만."

장보고가 탄 배는 제주도를 거쳐 일본의 하카다 만에 닿았습니다. 그곳에는 일본의 서경이 있었고, 무역을 하기 위한 관청인 대재부도 있었습니다.

일본 사람들은 장보고가 가지고 온 물건을 무척 좋아했습니다. 장보고의 교관선이 싣고 오는 물건을 사기 위해 미리 돈을 주는 경우도 많았습니다. 거래가 점점 많아지면서 장보고는 지금의 후쿠오카에 지점도 냈습니다. 또 츠시마에는 신라인 통역관인 역어를 두었습니다.

일본 귀족들은 장보고가 가지고 오는 당 나라 물건에

반해 버렸습니다.

"아, 이 아름다운 도자기들, 그리고 글이 씌어진 족자와 병풍들……."

"이건 당 나라의 유명한 시인인 백거이가 직접 쓴 것입니다."

"호오, 그래요? 이건 내가 사겠소."

장보고는 일본과의 무역에서 톡톡히 재미를 보았습니다.

'신라와도 무역을 해야 할 텐데…….'

장보고는 조심스럽게 신라와의 교역을 시작했습니다. 신라 귀족들도 당 나라의 물건과 아라비아 상인들이 가져온 물건 그리고 동남 아시아에서 나는 물건들을 무척이나 좋아했습니다.

어느 날 양주에 갔을 때였습니다. 양주의 시장에서 장보고는 어렸을 적 누이와 꼭 닮은 여자를 보았습니다.

"순아!"

장보고는 얼떨결에 그 여자를 보고 순이라고 부르고 말았습니다. 그 여자는 자신을 부르는 소리에 장보고를 쳐다보았습니다. 잠깐 동안 뚫어지게 장보고를 쳐다보던 여자가 말했습니다.

"혹시 신라인이신가요?"

"맞소!"

"구…… 궁복 오빠…….."

머뭇거리며 말하는 여자의 목소리가 떨렸습니다.

"순이야, 너 순이구나!"

장보고는 순이를 덥석 안았습니다. 순이는 소리 없이

흐느끼며 오빠의 품에 한참 동안이나 안겨 있었습니다.

"어디 보자! 우리 순이가 이젠 어른이 다 되었구나!"

"오빠, 오빠……."

10년 넘게 헤어졌다 만난 남매는 떨어질 줄을 몰랐습니다. 순이는 그사이에 노예로 팔려 온 신라 남자와 결혼을 했습니다. 지금은 중국인의 집에서 남편과 함께 노예로 살고 있었습니다.

"너를 찾았으니 이젠 부모님께 연락을 드려야겠다."

당 나라에 온 지 십 년이 넘도록 완도에 계신 부모님께 연락조차 하지 못했습니다. 장보고는 신라로 가는 뱃사람을 통해 부모님께 연락을 했습니다. 순이를 찾았다는 소식도 함께 전했습니다.

순이를 찾고 나자 장보고는 참한 신라 여자와 그 동안 미루었던 결혼도 했습니다. 문득 장보고는 고향에 돌아가 부모님과 함께 살고 싶다는 생각을 했습니다.

'아직은 때가 아니야. 당 나라에서 해야 할 일이 아직 많이 있어.'

아직 만족할 정도는 아니었지만 재산도 얼마간 모은 장보고였습니다. 장보고는 언제부턴가 생각했던 절을 지어야겠다고 마음 먹었습니다.

'당 나라에 사는 신라 사람들이 고향처럼 생각하고 드나들 수 있는 절! 이름은 법화원이라고 지어야겠어.'

장보고는 예전에 사두었던 적산의 땅 한쪽에 절을 짓기 시작했습니다.

법화원은 일본과 신라로 가는 배가 드나드는 적산포에서 그다지 멀지 않은 곳에 세워졌습니다. 절 뒤쪽으로 붉은 바위 언덕이 있었고, 샘물 줄기가 절 마당을 가로질러 서쪽에서 동쪽으로 흘렀습니다. 동쪽으로는 바다가 보였고, 남서쪽으로는 앞이 훤하게 트였습니다.

2년 가까운 공사 끝에 법화원이 완성되었습니다. 단청을 입혀 아름답게 꾸민 절이었습니다. 법당 벽에는 탱화도 그렸습니다. 절에서 살 스님들과 절 살림을 맡을 절 식구들도 구했습니다. 법화원에는 논과 밭도 딸려 있어서 그곳에서 얻는 쌀만 해도 1년이면 500석이나 되었습니다. 이제는 대웅전에 부처님을 모셔야 할 차례입니다.

"부처님 봉안식을 크게 열어야겠구만."

부처님을 모시는 행사와 함께 법화원이 문을 열고 신자들을 맞기 시작했습니다. 봉안식 날에는 근처에 사는 수백

명의 신라 사람들이 모여들었습니다.

"이 절은 우리 신라 사람들이 모여서 기도를 하고 마음을 닦기 위해 세웠습니다. 또한 항해를 떠나는 배와 선원들의 안전을 바라는 기도를 하기 위해 만들었습니다. 적산에 도착하거나 적산을 떠나는 배의 선원들은 이곳에서 편히 쉴 수 있을 것입니다. 이 절이 당 나라에 사는 신라 사람들에게 마음의 고향이 되기를 바랍니다."

장보고의 말이 끝나자 모여 있던 신라인들은 만세를 외쳤습니다.

"장보고 만세!"

"약속을 하나 더 드리겠습니다. 이 절 살림을 하고 남는 재물은 어렵게 사는 신라 사람들을 돕는 일에 쓸 것입니다."

힘찬 박수 소리가 이어졌습니다. 장보고는 흐뭇한 마음으로 절을 돌아보았습니다. 이제 마음속의 소원 하나를 이룬 셈이었습니다.

장보고의 소원대로 법화원은 당 나라에 사는 신라인들을 하나로 모으는 장소가 되었습니다. 한가위나 동지 같은 명절이면 신라 사람들이 모여 신라에서 하던 대로 놀았습니다.

"자, 한가위가 왔으니 떡도 하고 수제비도 끓여 배부르게 먹세."

법화원에서는 음식도 하고, 노래하고, 춤추며, 음악도 연주했습니다. 명절이면 법화원에서 함께 모여 밤과 낮으로 사흘을 뛰고 놀며, 신라를 그리워하는 마음을 달랬습니다.

법화원에서는 기도 소리와 독경 소리가 끊이지 않았고, 신라 사람들의 발길이 이어졌습니다. 추수가 끝나 한가해지는 11월 중순부터 1월 중순까지 두 달에 걸쳐 법화경을 공부하는 모임도 열렸습니다.

장보고의 배

장보고가 무역을 할 때 사용하던 배는 신라 배와 당 나라 배의 장점을 함께 취한 것 같습니다.

장보고의 배는 신라 배로부터 첨저선의 형태를 취했습니다. 신라 배는 평저선과 첨저선의 두 가지 모양입니다. 평저선은 가까운 바다와 강을 항해하기에 좋은 배이고, 첨저선은 먼 바다를 항해하기에 알맞은 배입니다. 자료로 미루어 볼 때 견당선으로 불리는 장보고 선단의 배는 첨저선의 형태였을 것으로 짐작됩니다. 그래야만 먼 바다에서 파도를 잘 견디며 속력을 올릴 수 있기 때문이지요.

당 나라 배에서는 선제 수일격벽구조를 취했습니다. 이것은 선창(배의 짐칸)이 여러 개로 나뉘어 있는 형태를 뜻합니다. 선창이 하나일 경우에는 배가 부서지기만 하면 침몰하게 됩니다. 하지만 선창이 여러 개로 되어 있을 경우에는 배가 부서져도 얼마 동안은 항해를 계속할 수 있습니다.

또한 신라 배에는 하얀색의 돛을 단 쌍돛대가 서 있었습니다. 또 위에 올라가 먼 바다를 살피기 위해 망대가 달린 돛대도 있었습니다. 긴 삼판으로 만들어진 뱃전은 유선형이며, 참나무 쐐기로 박고, 횡으로 다시 장쇠를 걸어 단단하게 만들었습니다. 갑판 위에는 뜸으로 지붕을 이은 두세 개의 뱃집(선실)이 있어 사신이나 승려, 상인들이 탔고, 나머지 승객들은 갑판 아래에 있었습니다. 또 이물에는 닻을 감아올리는 물레가 있어 닻을 내리고 올릴 수 있었습니다. 배는 돛과 노를 이용해 움직였는데, 돛대에는 부들로 만든 돛이 달려 있었습니다. 또 돛대 꼭대기에는 망대가 있어 멀리까지 볼 수 있었습니다. 해적들을 만나면 뱃전에 방패를 세워 전투선인 방패선이 되기도 했습니다.

7
청해진 대사가 되다

장보고에겐 아직 이루지 못한 일이 있었습니다.

'일본과 당 나라를 안전하게 오가려면 중간에 배를 댈 수 있는 곳이 있어야 하는데……. 안전하고 편한 곳이 있으면 좋은데…….'

장보고는 일본과 당 나라를 잇는 중간 지점에 배를 대고 쉬어 갈 수 있는 곳을 만들고 싶었습니다. 장보고는 마음속으로 고향인 완도를 떠올렸습니다.

'그곳이라면 손바닥을 보듯 잘 알고 있지 않은가!'

실제로 이미 뱃사람들은 완도나 완도 가까운 곳의 항구를 거쳐 일본으로 향하는 일이 많았습니다. 그곳에서 물과 식료품도 보충하고 다시 뱃길을 떠나는 거지요. 하지만 그러려면 신라 조정의 허락을 얻어야만 했습니다.

'그곳에다 진을 설치하면 해적들도 없앨 수 있고, 노예 매매도 없어지니까 얼마나 좋은 일인가!'

생각이 거기에까지 미치자 장보고는 얼른 일을 시작하고 싶었습니다. 세 곳을 연결할 수만 있다면 당 나라에서 신라 그리고 일본으로의 바닷길은 전보다 안전하고 편해질 수 있었습니다.

'그렇다면 신라 조정의 생각을 알아 보아야겠군.'

장보고는 신라 조정에 자신의 생각을 알렸습니다. 신라 조정에서도 그런 장보고를 만나고 싶어했습니다.

828년, 39세가 된 장보고는 신라의 왕인 흥덕왕과 귀족들에게 줄 선물을 배에 싣고 경주로 향했습니다. 왕을 만난 자리에서 장보고는 당당하게 말했습니다.

"폐하, 저는 신라 사람으로서 신라 사람들이 당 나라에 노예로 팔려 오는 것을 보고 무척이나 마음이 아팠습니다. 저에게 청해(완도)를 맡겨 주시면, 일만 명의 군사를 거느리고 해적들도 없애고 노예 매매도 없애겠습니다."

"뜻이 그렇다면 그대가 청해에 진을 만들 것을 허락하

겠소. 그대를 청해진 대사로 임명할 터이니, 해적과 노예를 없애 주시오."

그렇지 않아도 신라 조정은 해적들 때문에 몸살을 앓고 있었습니다. 그러던 차에 장보고가 나서서 해적을 없애겠다니 신라로서는 듣던 가운데 반가운 소리였습니다.

흥덕왕의 허락을 받은 장보고는 날개라도 단 듯이 기뻤습니다. 이제는 신라에서도 눈치 보지 않고 교역을 할 수 있게 되었습니다. 물론 해적도 없앨 터였습니다. 게다가 꿈꾸던 황해의 해상권도 손아귀에 들어오게 되었습니다.

'드디어 황해가 내 앞마당이 되었구나!'

생각대로 청해를 얻은 장보고는 오래 전부터 생각해 오던 바다 장삿길을 짜기 시작했습니다. 장보고는 오랫동안 간직해 온 지도를 꺼내 놓고 뱃길을 그리기 시작했습니다. 이전부터 이용해 오던 여러 항로에다 청해진을 거쳐 가는 뱃길을 진하게 그려 넣었습니다.

'청해진에서 흑산도를 거쳐 중국으로 출발하면 영파나 항주에 닿을 수 있어. 초가을부터 초봄까지 부는 북동풍을 이용하면서 흑조의 흐름을 타면 곧바로 영파까지 갈 수 있지. 반대로 봄과 여름에 부는 남서풍을 타면 중국에서 청

해진이나 제주까지 갈 수 있지. 제주를 거쳐 일본으로 갈 수도 있고.'

중국으로 돌아가는 길에 장보고는 완도의 집에 들렀습니다. 20년 가까이 지나는 동안 아버지는 돌아가시고 늙은 어머니만 집을 지키고 있었습니다.

"어디 한번 보자, 우리 아들…… 궁복아!"

어머니는 궁복을 보듬은 채 울음을 터뜨리고야 말았습니다.

"궁복이가 청해진 대사가 돼서 돌아왔대!"

궁복이 돌아왔다는 소문이 퍼지면서 이웃 동네에서도 장보고를 보려고 사람들이 몰려왔습니다.

"어머니, 잔치를 벌여야 할까 봐요. 제가 청해진 대사가 되어 돌아온 것도 알리고, 완도에다 청해진을 만든다는 것도 알려야 하니까요."

장보고는 중국에서 가져온 음식까지 풀어 잔치를 크게 벌였습니다. 소문을 듣고 멀리서 찾아온 손님들도 적지 않았습니다. 어머니는 너무 좋아서 울다가 웃다가 춤을 추기도 했습니다.

완도에서 며칠을 보낸 뒤 장보고는 당 나라로 떠날 채

비를 했습니다.

"이번에 새 뱃길로 영파까지 가 볼까 생각하고 있습니다. 선원 여러분의 협조를 바랍니다."

당 나라로 떠나는 날이 되었습니다. 어머니는 오랜만에 만난 아들과 떨어지기 싫어서 다시 눈물을 흘렸습니다. 여섯 척의 배는 북동풍을 받아 돛이 팽팽히 부푼 채 흑산도로 향했습니다. 흑산도에서 잠시 쉰 배는 다시 바람을 받으면서 중국으로 향했습니다.

배는 말 그대로 순풍을 받으며 바다를 건넜습니다. 흑산도를 뜬 지 5일째 되는 날 아침이었습니다.

"대사님, 이대로 간다면 내일쯤 주군산도에 도착할 것 같습니다."

선장의 보고에 장보고는 고개를 끄덕였습니다. 그날따라 바다는 마냥 평화롭게만 보였습니다.

그날 오후였습니다. 망루에서 망을 보던 선원이 외쳤습니다.

"낯선 배들이 나타났다!"

그 소리를 들은 선장은 직접 망루로 올라갔습니다. 한동안 지켜보던 선장이 외쳤습니다.

"해적선이다! 배는 모두 세 척이다. 모두들 전투 준비를 하라!"

배 앞의 깃발이 왼쪽으로 옮겨졌습니다. 선원들은 모두 자신의 자리로 갔습니다. 노를 젓는 사람은 노를 젓는 자리로, 화살을 쏘는 사람은 화살을 쏘는 자리로, 칼과 창으로 싸우는 사람은 공격을 할 수 있는 자리로 갔습니다.

장보고의 배에서는 해적선의 움직임을 소리 없이 지켜보고 있었습니다. 장보고가 말했습니다.

"일자진을 펴라!"

일자진이란 배들이 옆으로 길게 늘어서서 싸우는 모양을 말합니다. 때에 따라서 일자진은 구부러지기도 하고 적을 둥글게 포위하기도 합니다. 쿵 하고 한 번 북 소리가 울리며 일자진법을 편다는 것을 알렸습니다.

장보고의 배는 해적선을 맞기 위해 앞으로 나아갔습니다. 해적선이 가까이 오자 장보고는 명령을 내렸습니다.

"불 화살을 쏘아라!"

징징징 하고 징 소리가 울렸습니다. 그러자 화살을 쏘는 사람들이 기름 먹인 솜 뭉치를 단 화살에 불을 붙인 다음 해적선을 향해 쏘았습니다. 해적선에 채 닿기 전에 바

다로 떨어진 불 화살도 있었습니다. 하지만 그 중 한 개가 제일 큰 해적선의 돛을 맞혔습니다. 불 화살이 꽂힌 돛이 순식간에 불타며 아래로 떨어졌습니다. 해적선에서 큰 불이 났습니다. 해적들은 불을 끄느라 정신이 없었습니다.

불이 붙지 않은 나머지 해적선들이 더욱 가까이 다가왔습니다.

"화살을 쏘아라!"

징 소리가 징징 하고 울리자 장보고의 배에서 화살이 빗발치듯 해적선을 향해 날아갔습니다. 화살 여러 개를 한꺼번에 쏠 수 있는 '쇠뇌'라는 장치가 있었기 때문입니다.

해적선에서도 장보고의 배를 향해 화살과 불 화살이 날아왔습니다. 갑판 위에 불 화살이 떨어졌습니다. 선원이 불타는 곳에 물통에 든 물을 끼얹었습니다. 화살이 비오듯 날아와 갑판의 이곳저곳에 박혔습니다.

이제 해적선과 장보고의 배는 다리를 놓을 수 있을 정도로 가까워졌습니다. 해적들이 장보고의 배로 건너오기 위해 외나무 다리를 놓으려고 애를 썼습니다. 나무 다리 하나가 장보고의 배 한 척에 걸쳐졌습니다. 해적들이 다리를 건너기 시작했습니다. 장보고의 배에서 화살이 날아갔습니다. 다리를 건너던 해적 두 명이 장보고 군사가 쏜 화살에 맞아 바닷물 속에 풍덩 빠졌습니다. 나머지 해적들은 다리를 건너 장보고의 배로 건너왔습니다.

해적의 배로 건너가 싸우는 장보고의 군사들도 있었습니다. 이 배 저 배의 갑판 위에서 싸움이 벌어졌습니다. 장보고 배의 선원들은 전투를 여러 번 치러 본 경험이 있었습니다. 모두들 자신의 무기를 들고 해적들을 맞았습니다. 주로 칼과 쇠몽둥이와 끝에 달 모양의 칼날이 달린 창을 들고 싸웠습니다.

해적들도 만만치 않았습니다. 도끼를 든 해적, 쌍칼을 든 해적, 삼두창을 든 해적 들과 장보고의 군사들이 한데 얽혀 싸웠습니다. 배 안은 공격을 하면서 지르는 고함 소리와 무기들이 부딪치는 소리, 비명을 지르는 소리로 가득 찼습니다.

시간이 지나면서 바닥에 쓰러지는 사람들이 늘어났습니다. 쓰러진 사람들은 주로 해적이었습니다. 한 시간 가량 지나자 싸움은 거의 끝이 났습니다. 단 한 명의 해적만이 아직도 싸우고 있었습니다. 무예가 뛰어난 해적이었습니다. 장보고의 군사들이 그 해적을 둘러싼 뒤 사로잡았습니다.

군사들이 그 해적을 장보고에게 끌고 갔습니다.

"빨리 죽여라!"

해적은 침까지 뱉으며 죽이라고 고래고래 소리를 질렀습니다.

"신라 말을 쓰는 해적이라? 너는 어디 사람이냐?"

해적은 눈을 부릅뜬 채 아무 대답도 하지 않았습니다. 장보고가 말했습니다.

"이 자를 내 방으로 데려와라!"

장보고와 이야기를 나눈 그 해적은 그 뒤로 장보고의 부하가 되었습니다.

흥덕왕

신라 42대 왕(826~836년)으로 41대 왕인 헌덕왕의 동생입니다. 신라는 37대 선덕왕 때부터 왕족들 사이의 왕권 다툼이 끊이지 않았습니다. 헌덕왕도 조카인 애장왕을 죽이고 왕위에 올랐지요. 흥덕왕은 귀족들의 세력을 누르고 왕권을 튼튼하게 하기 위한 개혁 정치를 폈습니다. 흥덕왕이 죽은 뒤 신라 왕조는 다시 왕권 다툼 속에 빠지게 됩니다.

8
청해진을 세우다

 싸움은 장보고의 승리로 끝이 났습니다. 하지만 배들은 이곳 저곳이 많이 부서져 그대로 항해를 하기에는 무리였습니다. 항해를 계속하려면 배를 수선하는 일이 우선이었습니다. 그다지 부서지지 않은 해적선 두 척도 끌고 가기로 했습니다.

 겨우 배의 수선이 끝나자 저녁 때가 되었습니다. 바람이 조금씩 거세지기 시작했습니다. 검은 구름들이 하늘을 덮기 시작했습니다. 얼마 지나지 않아 굵은 빗방울이 투툭거리며 떨어지기 시작했습니다.

 "대사님, 폭풍이 몰아칠 것 같습니다."

"선원들에게 준비를 하도록 이르게."

그 동안 잔잔하던 바다가 성이 난 것입니다. 파도가 점점 세지기 시작했습니다.

"돛을 내려라!"

선원들은 모두 긴장한 채 자신의 자리를 지켰습니다. 철썩이며 뱃전을 때리던 파도가 갑판을 덮을 정도로 세지기 시작했습니다.

"몸을 배에다 묶어라!"

파도는 점점 높이 솟아올랐습니다. 한밤중이 될 무렵 파도는 배를 완전히 뒤덮을 정도로 거세졌습니다. 배는 위태롭게 파도 속에 묻혔다 떠오르기를 계속했습니다. 모두들 쉴 새 없이 몰아치는 파도에 휩쓸려 가지 않으려고 기를 썼습니다. 배에 바닷물이 고이면서 배는 점점 물 속으로 가라앉기 시작했습니다. 더 이상 배를 지킬 수가 없어 보였습니다.

"대사님, 배를 버려야 할 것 같습니다."

장보고는 아무런 대답 없이 마음속으로 관세음보살을 외고 있었습니다. 어디선가 따뜻한 관세음보살의 목소리가 들려 왔습니다. 조금 전까지 배를 뒤덮던 파도가 언제 그

랬느냐는 듯이 갑자기 잔잔해졌습니다.

장보고는 눈을 번쩍 뜨고 소리쳤습니다.

"모두들 물을 퍼라!"

배에다 몸을 묶고 버티던 선원들이 줄을 풀고 물을 퍼내기 시작했습니다. 거의 물 속으로 잠길 지경이던 배가 조금씩 위로 떠오르기 시작했습니다. 하지만 여섯 척의 배 가운데 한 척은 결국 물에 가라앉고 말았습니다. 가라앉은 배에 타고 있던 선원들은 모두 다른 배에 나눠 탔습니다.

지난 밤의 폭풍우로 열 명이 넘는 선원들이 목숨을 잃었습니다. 살아 남은 선원들은 부서진 배를 고치느라 분주했습니다. 폭풍우가 지나가고 난 바다는 마치 반짝이는 파란 유리처럼 잔잔했습니다. 하늘에는 구름 한 점 없었습니다. 산들산들 부는 바람결에 돛은 알맞게 부풀어 올랐습니다. 배는 빠르지도 느리지도 않게 서쪽으로 항해를 계속했습니다.

배는 흑산도를 출발한 지 96일 만에 주군산도가 보이는 곳까지 갔습니다. 갈매기들이 낮게 나는 모습이 보였습니다. 육지가 가까워진 것이 틀림없었습니다.

그 때였습니다. 앞서 가던 배 한 척이 갑자기 쿵 소리와 함께 기우뚱거리더니 가라앉기 시작했습니다. 배는 순식간에 물에 잠겼습니다.

"암초다! 배를 돌려라!"

장보고가 타고 있던 배에서 둥둥둥 하고 북 소리가 났습니다. 북 소리를 들은 배들은 방향을 바꾸기 시작했습니다. 암초를 피해 다른 방향으로 움직이기 위해서입니다. 부서진 배에 타고 있던 선원들은 배에서 뛰어내려 가까운 배로 헤엄쳐 갔습니다.

선원들은 처음 오는 뱃길이라 암초를 미처 알아차리지 못한 것입니다. 암초는 바닷물 속에 잠겨 있어서 눈에는 보이지 않았습니다. 장보고는 얼른 지도를 꺼내 암초가 있던 부분에 표시를 해두었습니다. 이 암초는 나중에 신라초라고 불리게 됩니다. 그만큼 자주 신라 배들이 부딪힌 암초였습니다.

주군산도를 지난 배는 무사히 영파 항으로 들어섰습니다. 그날 저녁 장보고는 첫 항해를 축하하는 잔치를 베풀었습니다.

"청해진 대사 장보고 만세!"

장보고는 장 대사라고 불리는 것이 왠지 쑥스러우면서

도 기분이 좋았습니다.

"앞으로 우리 교관선에는 '청해진 대사 장보고'라는 깃발을 달아야겠습니다."

한 선원의 말에 장보고는 고개를 끄덕였습니다.

당 나라로 돌아온 장보고는 청해진을 설치하는 데 필요한 재료들과 건물을 지을 장인들을 싣고 다시 청해진으로 향했습니다.

장보고는 장인들과 함께 청해진을 돌아보고 설계를 했습니다.

"적어도 일만 명 이상의 군사들이 편히 머물 수 있는 건물들을 지어야 하네."

필요한 목재와 기와를 어디에서 구할 것인지도 알아 보았습니다. 집을 지을 때 필요한 일꾼들은 완도에서 구하기로 했습니다.

"본섬의 장좌리와 죽청리에 군사 훈련 시설과 활 쏘기 연습장 그리고 마구간과 창고와 객사를 짓는 것이 좋겠습니다. 말을 먹일 풀밭은 조금 떨어진 곳이 좋을 것 같습니다. 그리고 조음 섬(지금의 장도)에다 대사님이 사실 집과 사당을 지으면 되고요. 절은 상황봉 중턱에 세우면 되겠습니다."

　다행히 건물들을 짓는 데 필요한 나무는 쉽게 구할 수 있었습니다. 상황봉에서 저절로 자라는 황칠나무를 베어 쓰면 되었습니다. 훈련장도 만들고, 우물도 파고, 넓은 운동장도 만들었습니다. 활 쏘기 연습을 할 활터도 만들었습니다. 집과 창고와 객사도 만들었습니다.

　청해진의 가장자리에는 흙과 돌로 성도 쌓았습니다. 적이 쳐들어 올 경우를 대비해서 말입니다. 조음 섬 가장자리에도 굵은 통나무를 박아 성처럼 만들었습니다.

　"대사님, 절 이름은 뭐라고 지을까요?"

　"적산과 같은 이름을 쓰고 싶네. 법화사라고 하지."

　상황봉 중턱에 세운 절 이름을 법화사라고 지었습니다. 이제는 돌아가셨지만 어릴 때 장보고에게 공부를 시켜 주신 노스님의 모습을 초상으로 그려 법당 한쪽에 모셨습니다. 공사가 모두 끝나고 청해진을 알리는 일만 남았습니다.

　"이제 청해진을 지킬 군사 일만 명을 모아야겠네. 당 나라에 있는 사람들도 데려오고, 이곳에서도 군사를 모아야 하네."

장보고 대사가 군사를 모은다는 소문을 듣고 나라 이곳 저곳에서 사람들이 모여들었습니다. 모두들 건강하고 씩씩한 젊은이들이었습니다. 당 나라에서부터 장보고를 모시던 부장들인 이창진과 어려계 같은 사람들이 중심이 되어 군사들을 훈련하기 시작했습니다.

"청해진 군사들은 땅에서도 물에서도 싸움을 해야 한다. 그래서 훈련도 땅과 물 두 곳에서 실시한다. 물을 무서워하는 사람들은 지금이라도 이곳을 떠나라!"

훈련장에서 군사들이 서로 겨루며 연습을 하는 모습을 보니 장보고는 웃음이 절로 나왔습니다.

'이럴 때 정년이 곁에 있으면 큰 힘이 되었을 텐데……'

장보고는 정년이 어디서 어떻게 지내는지 궁금하기도 하고 보고 싶기도 했습니다.

군사들은 배를 타는 훈련과 물 속에서 헤엄치는 훈련도 했습니다. 이제 해적들과 노예 매매를 없애는 것도 시간 문제였습니다.

"해적들이 우리 배를 보기만 해도 달아날 수 있도록 해야 한다!"

북 소리와 나팔 소리로 신호를 주고받는 방법과 밤에 항해할 때 횃불로 신호를 주고받는 방법도 가르쳤습니다. 또 해적들이 나타났을 때 배를 이용해 진을 짜는 방법도 가르쳤습니다.

　　"청해진 군사들은 최고의 군사다! 싸움에 임하면 물러서는 법이 없다! 해적들을 물리쳐 우리의 바다를 지키자!"

　　노예 매매를 없애기 위해서는 당 나라 황제의 명령도 필요했습니다. 장보고의 노력으로, 신라 왕으로부터 청해진을 허락 받은 것과 같은 해인 828년에 당 황제는 금칙령을 내렸습니다.

　　"당 나라의 백성들에게 알리노라. 앞으로 신라 사람을 노예로 사고 파는 자에게는 엄한 벌을 내리겠노라."

　　10년 가까운 세월이 흘러 어느덧 장보고의 나이도 47세가 되었습니다. 장보고의 노력으로 이제는 바다에서 해적들을 거의 볼 수 없게 되었습니다. 또 노예 매매도 사라졌습니다.

　　'이제야 흥덕왕에게 한 약속을 지켰어.'

　　그해 겨울 청해진에는 반가운 손님이 찾아왔습니다. 비록 옷차림은 남루했지만, 눈빛이 빛나고 체격이 당당한 사

내였습니다. 그 사내는 청해진을 돌아본 뒤 놀라움을 감추지 못했습니다.

진을 지키던 문지기가 사내의 앞을 가로막았습니다.

"어떤 놈이냐?"

"가서 장 대사께 동생이 왔다고 일러라."

문지기는 사내의 말이 믿기지 않았지만, 대장에게 가서 보고를 했습니다. 대장은 다시 장 대사에게 그 말을 전했습니다.

"뭐라고? 동생이 왔다고?"

장보고는 단걸음에 청해진의 문을 향해 내달렸습니다. 이젠 나이가 제법 들어 보였지만 멀리서 보아도 정년이 틀림없었습니다.

"형님!"

둘은 서로 부둥켜안은 채 한동안 떨어질 줄을 몰랐습니다. 그날 저녁 청해진에서는 돌아온 정년을 환영하는 잔치가 벌어졌습니다.

"잘 왔다, 잘 왔어. 네가 오니까 마음이 다 든든하구나. 이제부터는 떠나지 말고 나를 도와주렴."

"알았습니다, 형님."

청해진에는 밝은 보름달이 떴습니다. 하늘에 하나, 바다에 하나 뜬 달은 마치 궁복과 정년의 만남을 축하해 주는 듯했습니다.

완도의 청해진 유적

완도 죽청리와 장좌리를 중심으로 장보고의 유적 조사가 이루어지고 있습니다. 장좌리에서 150미터쯤 떨어진 조음 섬(지금의 장도)은 썰물 때면 완도 본 섬에서 걸어 들어갈 수 있는 곳인데, 이곳에 청해진이 설치되었으리라 짐작됩니다. 지름 40~80센티미터의 1천여 개 목책이 이 섬 남쪽 해안과 서북쪽 해안에서 발견되었으며, 여러 개의 집터와 직경 1미터, 두께 30센티미터의 맷돌이 발견되기도 하였지요. 또 이 섬에 장보고가 살던 집과 사당이 있었을 것으로 보입니다. 조사가 진행되면 더 많은 지역에서 유적이 발견될 것으로 예상됩니다.

장좌리에서 150미터 떨어진 장도 청해진 유적

9
바다의 왕, 장보고

　시간이 흐르면서 청해진은 동남 아시아 교역에서 가장 중요한 곳이 되었습니다. 일본과 신라는 당 나라로 갈 때에도 청해진의 도움을 받아야만 했습니다. 특히 당시 일본은 배를 만드는 기술과 항해술이 발달하지 않아 청해진의 도움 없이는 험난한 바닷길을 무사히 지날 수가 없었습니다.

　수많은 외교 사절과 승려들이 장보고의 배를 타고 당 나라로 건너갔다 돌아오곤 했습니다. 일본의 승려인 엔닌도 장보고의 도움을 받아 당 나라로 건너가 불교 공부를 했습니다.

"장 대사님의 도움으로 무사히 공부를 했습니다. 일본으로 돌아가는 배편도 부탁 드립니다. 고맙습니다."

엔닌은 장보고에게 감사하는 내용의 편지까지 남기고 있습니다. 장보고의 청해진은 물건뿐만 아니라 사람과 문화와 종교까지 실어 나르는 역할을 하게 되었습니다. 장보고의 배들은 꼬리에 꼬리를 이어 바다를 오갔습니다.

'이제야 중국과 신라와 일본, 멀게는 서역까지 연결하는 바닷길 무역망이 완성되었구나!'

신라와 일본에서는 중국의 도자기가 인기가 있었습니다. 특히 월주요는 싣고 가기가 무섭게 팔려 나갔습니다.

'도자기라, 신라에서 도자기를 만들 수는 없을까?'

장보고는 생각 끝에 당 나라에서 도자기를 만드는 도공을 신라로 데려왔습니다.

"도자기를 만들기 위해서 가장 필요한 것은 도자기를 만드는 흙입니다."

당 나라의 도공은 전라도 땅 이곳 저곳을 살펴보았습니다.

"바로 이 흙입니다."

도공은 강진의 대구에 있는 흙이 도자기를 만들기에 좋

은 흙이라는 것을 한 눈에 알아보았습니다.

"신라에서도 도자기를 만들고 싶습니다. 도와주십시오. 원하시는 건 뭐든지 해드리지요."

장 대사의 간절한 부탁에 도공은 마음이 움직였습니다. 그래서 자신의 기술을 제자들에게 가르치며, 가마를 만들고 도자기를 굽기 시작했습니다. 2년이 지났을 무렵 도공은 장보고를 불렀습니다.

"성공입니다! 이걸 보십시오."

도공과 제자들이 만들어 낸 도자기는 월주요에 버금가는 명품이었습니다. 장보고는 도자기를 손에 들고 이리저리 돌려보며 흐뭇한 웃음을 띠었습니다. 장보고는 벌써 머리 속으로 도자기를 팔 일을 계획하고 있었습니다.

이 무렵 장보고가 심어 놓은 도자기의 씨앗은 고려 청자로 이어졌습니다. 장보고가 우리 나라 도자기의 새로운 역사를 만든 셈이랍니다.

장보고의 배들이 많은 외국 물건을 실어 나름에 따라 경주에 사는 귀족들이 외국 물건에 푹 빠져서, 왕이 걱정을 할 정도가 되었습니다.

"호호호, 이 공작 깃털 멋지네!"

"거북 등껍질로 만든 빗은 더 좋은걸."

귀족들이 하는 짓을 본 흥덕왕은 걱정이 되어 834년 명령을 내렸습니다.

"백성들이 진기한 물건만 좋아해서 풍속을 해칠 정도이니, 외국산 거북 등껍질이나 에머랄드 같은 진기한 물건을 사용하지 말도록 하라!"

이런 기록들을 보아도 장보고의 배가 실어 나른 물건의 규모가 엄청나다는 것을 짐작할 수 있습니다. 장보고의 해상 무역은 점점 그 규모가 커져 '바다의 왕'이라는 소리를 들을 정도가 되었습니다.

그 즈음 흥덕왕이 죽은 뒤 신라의 경주에서는 왕족들끼리의 왕위 다툼이 한창이었습니다. 신라 말기 왕족들은 자신들의 권력 다툼에 온 힘을 다했습니다. 왕위를 가운데 놓고 서로 죽이고 싸우며 물어뜯는 싸움이었습니다. 백성들의 삶은 눈에 들어오지 않았습니다.

장보고는 이런 싸움 가운데서도 자신의 길만을 묵묵히 가고 있었습니다. 이런 와중에 왕위 다툼에서 패한 왕자 김우징과 그 일족들이 청해진으로 도망을 왔습니다. 837년의 일이었습니다.

"장 대사, 저를 좀 받아 주십시오. 조만간 그 은혜를 꼭 갚겠습니다."

장보고는 인정이 많은 사람이었습니다. 그래서 어려운 일을 당해 도망을 온 김우징을 차마 거절할 수가 없었습니다.

"그러십시오. 계실 곳을 마련해 드릴 테니 이곳에 계시는 동안 편히 쉬십시오."

그러는 사이 838년 김명이 자신이 세운 왕인 희강왕을 몰아내고 자신이 왕위에 올랐습니다. 희강왕은 자살하고 말았습니다.

"나쁜 놈 같으니라고. 내 아버지를 죽인 것도 모자라서, 제 매형까지 죽게 만들고 왕위에 올랐단 말이냐? 어떻게 이런 나쁜 놈이 왕이 되어 나라를 다스릴 수 있단 말이냐?"

"김명을 죽이고 아버님의 원수를 갚아야 합니다."

주위 사람들은 김우징에게 김명을 죽여야 한다고 부추겼습니다. 하지만 김우징에게는 군사가 없었습니다. 군사라고 해야 김우징을 옹립하던 아찬 김양이 몰고 온 수백명의 군사가 전부였습니다.

김양이 꾀를 내었습니다.

"제가 장 대사를 설득해서 군사를 일으키도록 해보겠습니다."

김양은 김우징의 귀에 대고 속삭였습니다. 김양은 그 길로 장보고를 찾아갔습니다.

"왕자께서는 대사님의 딸 난화 아기씨와 혼인하고 싶어 하십니다."

"예?"

장보고는 선뜻 이해가 가지 않았습니다. 대사라고는 하지만 신라의 골품 제도로는 골품조차 없는 평민인 자신이었습니다. 평민의 딸은 평민이어서 진골 귀족인 김우징 집안과는 도저히 혼인을 할 수 없는 사이였습니다. 장보고는 이렇다 저렇다는 말을 하지 못한 채 침묵을 지켰습니다.

그러자 김양이 다시 나섰습니다.

"장 대사께 꼭 부탁 드릴 일이 있습니다. 지금 경주에서는 김명이 왕위에 올랐다고 합니다. 김명의 손에 죽은 왕족만 해도 벌써 여러 명입니다. 이런 막돼먹은 사람이 왕위에 올라서는 신라의 앞길이 어둡기만 합니다. 정의와 도리를 지키기 위해서라도 김명 같은 자가 왕이 되어서는 안

됩니다. 개인적으로도 김명은 김우징 왕자의 아버지를 죽인 원수입니다. 이번에 장 대사의 힘을 빌려 원수도 갚고 정의와 도리도 지키고자 합니다."

장보고는 그제야 자신의 딸과 혼인을 하겠다는 김우징의 속셈을 알아차렸습니다. 하지만 이 문제는 쉽게 대답할 수 있는 일이 아니었습니다.

"생각해 보겠습니다."

그날 저녁 장보고는 생각에 잠겼습니다.

'내 딸이 왕족과 결혼을 해서 왕비가 된다?'

딸이 왕비가 되면 장보고의 집안도 왕족이 되는 셈이었습니다. 장보고는 신라 조정의 군사력도 알고 있었습니다.

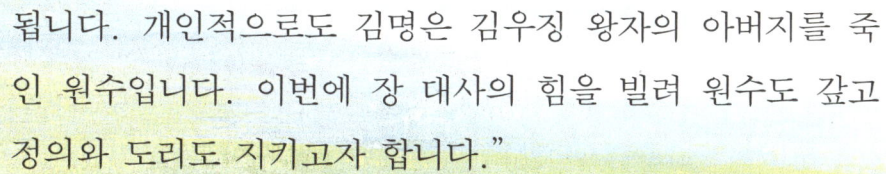

신라 조정은 청해진보다 많은 군사를 거느렸습니다. 하지만 청해진 군사 한 명은 신라 조정 군사 열 명을 상대할 정도였습니다. 그만큼 강하고 훈련이 잘된 군사들이었습니다.

'이길 수는 있는 싸움이야.'

하지만 자신은 상인일 뿐이었습니다. 상인인 자신이 정치 싸움에 나서는 것은 그다지 바람직한 일은 아니었습니다.

그날 밤 장보고는 한숨도 자지 못한 채 밤을 새웠습니다. 다음날 장보고는 어려계를 불러 의견을 물었습니다.

"대사님, 저는 정치를 잘 모릅니다만, 만약의 경우 싸움에 패하는 날에는 청해진도 문을 닫아야 합니다."

"그렇지 않소. 싸움에선 틀림없이 이길 수 있소."

장보고는 이미 마음을 정한 터였습니다. 자신의 집안이 왕족이 되면 무역을 하는 데도 손해 날 것이 없었습니다.

"그렇게 되면 청해진은 하나의 작은 왕국이 되는 거야. 이건 서로에게 좋은 일이지."

장보고는 김우징에게 자신의 생각을 알렸습니다.

장보고의 허락을 얻은 김우징과 김양 그리고 그 일족들

은 만세를 불렀습니다.

"이제야 아버지의 원수를 갚을 수 있게 되었소. 빨리 김명을 몰아냅시다! 김우징 왕 만세!"

왕위 다툼과 장보고

흥덕왕이 죽은 뒤 신라 조정은 왕권 다툼으로 치달았습니다. 상대등 김균정이 왕위에 오른 지 하루 만에 죽자 836년 희강왕이 왕위에 오릅니다. 이에 김균정의 아들 김우징은 청해진으로 몸을 피하지요. 그런데 또 희강왕을 세운 김명이 이번엔 자신이 왕위에 오르기 위해 838년 반란을 일으킵니다. 결국 희강왕은 자살하고, 김명이 왕위에 올라 민애왕이 됩니다.

이에 김명과 사이가 좋지 않은 김양이 김우징을 왕으로 세우려고 하게 되지요. 김양은 장보고의 딸 난화를 왕비로 들이겠다고 약속하고 장보고를 왕권 다툼에 끌어들입니다. 결국 김우징은 장보고의 힘을 빌려 왕위에 올라 신무왕이 되지요.

10
스러진 청해진의 꿈

장보고는 정년을 불렀습니다.

"경주로 출전해야겠다. 아우가 장군이 되어 군사들을 이끌어 주게."

"알았습니다, 형님."

김양과 정년이 이끄는 5천 명의 평동군은 경주를 향해 내달렸습니다. 신라 조정은 갑작스러운 청해진 군사의 공격에 놀란 나머지 제대로 싸우지도 못하고 패하고 말았습니다.

궁전으로 쳐들어 간 평동군은 민애왕을 찾아 죽이고 김우징을 왕으로 세웠습니다.

"신무왕 만세! 신무왕 만세!"

"하하하, 이제야 제자리를 찾았군."

신무왕은 장보고에게 감사의 뜻을 전하고 싶었습니다.

"장 대사, 고맙소이다. 짐이 이번에 장 대사를 감의군사에 봉하겠소."

"성은이 망극하옵니다."

"그리고 식읍 2천 호를 내릴 터이니 받아 주시오."

"고맙습니다."

하지만 신무왕은 왕위에 오른 지 여섯 달 만에 병석에 눕고 말았습니다.

"애야, 장보고와 했던 약속을 미처 지키지 못하고 이 세상을 떠날 것 같구나. 네가 그 약속을 지켜다오."

"예, 아버님."

신무왕이 죽자 그 뒤를 이어 신무왕의 아들이 왕위에 올랐습니다. 문성왕이었습니다.

"장보고를 진해장군에 봉하노라!"

840년 문성왕은 장보고를 진해장군에 봉하고 장복까지 주었습니다. 왕족만 입을 수 있는 멋진 장복이었습니다. 청해진에서는 또 한 번 잔치가 벌어졌습니다.

"진해장군 만세! 청해진 만세!"

841년 신라에서는 김홍필이 반란을 일으켰습니다. 반란은 곧 진압되었습니다. 하지만 신라 조정은 잦은 반란과 왕권 다툼으로 불안을 느꼈습니다. 그해 가을에 장보고는 문성왕에게 부하를 보내 딸 난화를 둘째 왕비로 맞아 달라고 재촉했습니다.

문성왕에게는 이미 부인이 있었습니다. 그래서 난화는 둘째 왕비가 되는 것이지요. 아버지 신무왕과 한 약속도 있었기 때문에 문성왕은 약속을 지키고 싶었습니다.

"진해장군 장보고의 딸을 차비로 들이려 하오. 결혼 준비를 서둘러 주시오."

하지만 신라 귀족들의 생각은 달랐습니다. 이들에게 그 결혼은 나라의 질서이며 신분 제도인 골품 제도를 어지럽히는 일이었습니다. 또한 자신들의 권력에 대한 도전이기도 했습니다.

"그것은 아니되옵니다. 장보고는 섬에서 살던 미천한 자이옵니다. 그런 미천한 자의 딸을 왕비로 맞을 수는 없사옵니다."

"그렇지만 아버님께서 약속을 하셨지 않소?"

"그것은 돌아가신 신무왕께서 하신 약속일 뿐입니다. 게다가 지금 장보고의 세력은 너무나 커졌사옵니다. 마음만 먹으면 신라 조정도 차지할 수 있을 정도이옵니다. 딸까지 둘째 왕비로 맞아들이면 더욱 그 세력이 커질 것이옵니다."

귀족들 가운데서 가장 크게 반대를 한 사람은 김양이었습니다. 그는 신무왕을 세우는 데 큰 공을 세웠던 사람입니다. 김양은 속으로 자신의 딸을 차비로 세워 자신의 위치와 권력을 확실하게 하고 싶었습니다. 또 할아버지 김헌창의 반란으로 스러진 자신의 가문을 다시 일으켜 세우고 싶었습니다.

'내 딸이 차비가 되어야 해.'

김양과 그의 주변 귀족들은 속으로 음흉한 마음을 먹었습니다.

'장보고의 딸을 차비로 들이지 않으면 장보고는 화가 나서 신라 조정을 칠지도 몰라. 그렇게 되면 우리는 모두 끝이야.'

김양은 문성왕에게 넌지시 아뢰었습니다.

"전하, 조용히 드릴 말씀이 있사옵니다."

아찬 김양은 옆에 있던 시녀들을 물리고 문성왕과 단둘이서 이야기를 나누었습니다.

"전하, 청해진은 세력이 너무 커졌사옵니다. 게다가 장보고는 하늘 높은 줄을 모르고 딸을 차비로 앉히려 하고 있사옵니다. 그는 뜻대로 되지 않으면 언제 반란을 일으킬지 모르는 위험한 인물입니다. 제 생각에는 소리 없이 그를 없애 버리는 것이 가장 좋은 방법인 듯하옵니다."

문성왕은 생각에 잠겼습니다. 왕위를 지키려니 귀족들의 말을 무시할 수만도 없었습니다. 그들의 비위를 건드리면 왕위도 위태롭게 되는 것이 현실이었습니다. 그렇다면 김양의 말도 맞는 말이었습니다.

'맞아. 위험은 미리 없애는 것이 좋아.'

"내 아찬에게 모든 일을 맡길 터이니 알아서 처리를 하도록 하시오."

"전하의 뜻이 씌어진 밀서가 필요하옵니다."

문성왕은 그 자리에서 아찬이 부르는 대로 받아쓴 뒤 옥새까지 찍었습니다.

"이제 아무 걱정 마옵시고 편히 쉬시옵소서. 곧 좋은 소식을 가지고 오겠사옵니다."

그 길로 김양은 자신의 부하인 염장을 불러들였습니다. 염장은 예전에 무역을 한답시고 해적질도 하던 사내였습니다. 해적질을 하다 장보고의 부하에게 잡혀 왔습니다. 그때 염장은 잘못을 빌고 장보고의 부하가 되어 일을 했습니다. 무예가 뛰어난 그는 김양이 경주를 칠 때 김양을 따라 전투에 나섰습니다. 그리고 전투가 끝나자 김양의 부하가 되어 경주에 남았습니다.

김양은 염장에게 자신의 생각을 말했습니다.

"다치는 사람 없이 소리 없이 일을 처리해 주어야 하네. 알겠나?"

"예, 걱정하지 마십시오."

김양은 염장이 떠나기 전에 미리 청해진에 연락을 했습니다. 결혼 날짜를 정했으니 사주 단자와 함께 예물을 보낸다는 내용이었습니다. 염장은 며칠간의 준비를 마친 뒤 김양이 준비해 준 수레들을 끌고 길을 떠났습니다. 수레에는 장보고와 왕비로 뽑힌 난화에게 줄 예물들이 가득 실려 있었습니다. 하지만 수레를 미는 하인들과 짐꾼들은 모두가 무예가 뛰어난 검객들이었습니다.

연락을 받은 청해진에서는 난화가 왕비가 된다며 잔치

분위기에 들떴습니다.

　염장이 도착하자 장보고는 염장을 반갑게 맞아 자신의 옆자리에 앉혔습니다.

　"어서 오시게. 오랫만이네."

　"왕비님 만세! 난화 아기씨 만세!"

　난화가 왕비가 되는 것을 축하하며 주민들이 부르는 만세 소리가 바다까지 울렸습니다. 염장은 장보고에게 술을 거푸 권하며 취하기만을 기다렸습니다.

　밤이 깊어 염장은 부하들에게 신호를 보냈습니다. 장보고는 자신의 저택이 있는 조음 섬을 향해 비틀비틀 걸음을 옮겼습니다. 칼을 맨 부하 두 명이 장보고의 뒤를 따랐습니다.

　장보고가 바닷가에 이르기도 전이었습니다. 건물 뒤에 숨어 있던 염장과 그의 부하들이 뒤에서 튀어나와 단칼에 장보고와 부하의 목을 베었습니다.

　장보고의 목이 소리도 없이 그대로 땅바닥에 떨어졌습니다. 놀라고 억울한 마음에 눈을 부릅뜬 모습이었습니다. 몸뚱이는 허수아비처럼 그대로 쓰러졌습니다.

　뒤늦게 장보고의 부하들이 염장 무리에게 달려들었습니

다. 그러자 염장은 문성왕의 밀서를 내밀며 소리 쳤습니다.

"나는 지금 어명을 거행했을 뿐이다. 어명에 따라 역적 장보고의 목을 벤 것이다. 목숨이 아깝거든 어명을 따라라!"

어명이라는 말에 장보고의 부하들은 반항 한번 해보지 못했습니다. 결국 청해진은 염장의 손아귀에 들어갔습니다. 그 뒤로 장보고의 부장이었던 이창진이 염장을 쫓아내려고 군사를 일으켰지만 실패하고 말았습니다.

장보고의 딸이 아버지의 시체를 거두어 땅에 묻었습니다. 하지만 염장이 목을 베어 경주로 가지고 가 버렸기 때문에 목 없이 몸뚱이만 묻어야 했습니다.

"아버지, 흐흐흑……."

염장은 청해진을 빼앗아 자신이 운영해 보려고 욕심을 부렸습니다. 하지만 청해진은 장보고라는 대상인의 신용을 바탕으로 움직여 왔던 무역 기지였습니다. 염장 정도의 신용으로는 청해진을 움직일 수 없었습니다.

무역을 위해 다른 나라로 떠났던 장보고의 부하들은 뒤늦게야 장보고가 암살되었다는 소식을 들었습니다. 그들은 아예 중국이나 일본으로 망명해 버리기도 했습니다.

장보고가 죽은 다음 해, 김양은 계획대로 자신의 딸을 문성왕의 차비로 앉혔습니다. 그리고 장보고가 죽은 지 9년째 되던 해에 신라 조정은 청해진을 아예 없애기로 마음먹었습니다. 그래서 청해진에 살고 있던 백성들을 강제로 벽골군으로 이주시켰습니다. 벽골에 둑을 쌓는 일을 시키기 위해서였습니다. 그 뒤로 오랫동안 청해진은 사람이 살

지 않는 섬으로 남았습니다.

　바다의 왕 장보고와 청해진의 꿈은 신라 귀족들에 의해 물거품이 되어 사라져 버렸습니다. 황해 무역을 주도하던 신라는 점차 무대에서 밀려났고, 일본과 당 나라가 그 자리를 대신하게 되었습니다. 장보고가 없는 바다에는 다시 해적들이 들끓기 시작했습니다. 그리고 그 때 빼앗긴 해상

무역의 주도권을 우리는 아직도 되찾지 못하고 있습니다.

물거품이 되어 버린 청해진의 꿈은 아직도 부활을 꿈꾸고 있습니다. 언젠가는 다시 바다의 주인이 되려는 꿈을…….

장보고는 왜 죽었을까?

장보고의 죽음에 대해서는 《삼국사기》와 《삼국유사》 그리고 《일본사기》에 기록되어 있습니다. 그런데 장보고가 죽게 된 이유와 죽은 시기에 대한 기록에는 미심쩍은 부분이 적지 않아요. 《삼국사기》와 《삼국유사》에는 장보고가 반란을 일으켰거나 반란을 일으키려 했기 때문에 암살 당한 것으로 기록되어 있습니다.

중국의 신라인을 위해 장보고가 만들었던 적산 법화원에 세워진 장보고 기념비

하지만 반란자를 처벌하기 위해 암살을 택했다는 것이 잘 납득이 가지 않습니다. 장보고를 암살했다는 것은 그만큼 장보고가 두려운 존재였다는 것이 아닐까요?

그래서 지금의 역사학자들은 이런 저런 점들을 고려한 끝에 장보고가 권력과 출세에 눈이 먼 귀족들에 의해 암살 당했다고 보지요. 즉 자신들의 권력을 유지하는 데 장보고가 방해가 될 수 있다고 생각했기에 장보고를 제거한 것으로 봅니다.

열린 주제

안면도 할미바위의 전설

안면도 승언리라는 동네의 방포 해수욕장에는 두 개의 바위가 우뚝 솟아 있는데, 그중 하나인 할미바위에 다음과 같은 전설이 전해져 내려오고 있습니다.

장보고의 밑에 승언이라는 장군이 있었습니다. 청해진에서 안면도로 파견된 승언 장군은 아내 미도와 함께 살며 부하들을 거느리고 임무를 잘 수행하고 있었습니다. 아름다운 아내와 늠름한 남편은 서로를 아주 사랑했습니다.

그러던 어느 날 청해진으로부터 전갈이 왔습니다. 북쪽으로 진군하라는 명령이었습니다. 승언 장군은 충성스러운 장군이었으므로, 곧 돌아오겠다는 말을 남기고 부하들과 함께 배를 타고 늠름하게 방포를 떠났습니다. 미도는 남편을 기다렸습니다. 하루 이틀이 지나고 몇 달이 훌쩍 지나갔습니다. 그래도 바다로 나간 남편은 돌아오지 않았습니다. 눈이 오나 비가 오나 2년이 넘도록 바닷가에 나가 기다렸으나 남편은 돌아오지 않았고, 결국 미도는 남편을 기다리다 지친 나머지 죽어 바위가 되었다고 합니다. 이 바위가 바로 할미바위입니다.

서해에 해가 질 때면, 이 할미바위와 그 옆의 할아비바위 사이로 승언 장군과 미도의 슬픈 사랑 이야기처럼 아름다운 노을이 하늘을 물들입니다. 이 전설을 통해 장보고가 청해진뿐만 아니라 안면도가 위치하고 있는 서해안 북단의 상당한 지점까지 그 세력을 확장하고 있었음을 알 수 있습니다.

슬픈 전설이 전해져 내려오는 안면도 할미바위

지방 호족의 성장

지방 호족 세력의 등장은 신라 하대에 두드러진 현상이었습니다. 이들 호족은 농업 생산력의 발달로 국토 개발이 넓게 이루어지고, 진골 귀족들 간의 싸움으로 신라 중앙 정부의 지방 통제력이 약화되는 시기에 성장했습니다. 호족에는 전부터 지방의 촌주로서 촌락민을 통제하던 세력과 중앙 귀족이 지방으로 내려가 호족이 된 경우가 있었습니다.

신라 하대의 지방 호족 세력 중 중요한 존재는 군진 세력이었습니다. 이들은 국경이나 해안에서 사병 세력을 기반으로 지방 행정과 조세, 무역을 장악했습니다. 장보고의 청해진이 군진 세력의 대표적인 예입니다.

이들 지방 세력은 중앙정부의 통제에서 벗어나 지방민을 지배하고 스스로 성주 혹은 장군이 되어 기초적인 정치와 지방 행정제도를 만들었습니다. 이들은 후에 신라의 진골체제를 해체하고 신라 왕조를 붕괴시키는 결정적인 역할을 담당하기도 했습니다.

신라 멸망 과정에서 후백제를 일으킨 견훤이나, 후삼국을 통일하고 고려를 건국한 왕건도 지방 호족 출신이었습니다.

중국 산둥성에 있는 장보고 유적지

인물 돋보기

장보고의 고장, 완도 청해진

청해진은 어디인가요?
학자들은 청해진을 오늘날 전라남도 완도군 장도 부근으로 봅니다.

장보고는 왜 청해진을 거점으로 활동했나요? 청해진은 왜 중요한가요?
청해진은 지리적으로는 남해안과 서해안이 만나는 위치인 동시에, 경주에서 서해나 중국으로 가기 위한 중간 지점이었습니다. 또 항로상으로는 경주에서 아라비아나 중국으로 가기 위해 거쳐야 할 지점인 동시에, 일본에서 북중국이나 서해로 가기 위한 중간 지점이기도 했습니다.

옛날에는 물품을 다량으로 운반하기 위해 육로보다 바닷길을 많이 이용했습니다. 그러나 항해술은 아직 미흡해 한 번에 그리 멀리 갈 수 없었기 때문에 중간 지점이 매우 중요했습니다.

청해진은 요지로 나가는 바닷길의 중심지였으며, 그 위치나 해류의 변화를 외적이 쉽게 파악하기 어려운 곳에 위치하고 있었습니다. 장도가 고향인 장보고는 이러한 해류 변화나 지리적 이점을 잘 알고 있었으므로 이를 잘 활용하여 외적을 막고 무역을 발달시킬 수 있었습니다. 그런 면에서 이곳은 군사적으로 중요한 곳이었습니다. 조선시대까지도 이곳에 군사시설이 설치되었던 것을 보아도 알 수 있습니다.

경제적인 면으로 보면 완도는 상당히 넓은 평야 지대와 풍부한 물을 갖고 있는 섬입니다. 그래서 군사와 백성을 먹여 살릴 농산물을 어느 정도 생산할 수 있었습니다. 아울러 리아스식 해안과 많은 작은 섬을 갖고 있는 완도 지역에는 해산

물이 풍부했습니다. 또 고대 사회의 중요한 자원 중 하나인 소금을 얻는 데에도 유리한 조건을 갖고 있었습니다. 이처럼 청해진은 장도의 지리적 이점과 배후 기지로서 완도의 풍부한 경제력을 배경으로 설치되었습니다. 이 밖에도 문화적으로 완도 지방은 선사시대부터 사람이 살았던 곳이고, 신석기시대 패총 등 지속적으로 많은 문화 유적이 있어 온 곳이기도 합니다.

오늘날 완도에서는 어떻게 장보고를 기념하나요?

해마다 봄이면 완도에서는 장보고 축제를 엽니다. 21세기 새로운 해양 개척시대를 맞이해 한민족의 영웅인 장보고의 역사적 의미를 다시 살펴보고, 진취적인 해양 경영사의 재정립과 관광 완도의 위상을 높이기 위해 1996년부터 시작되었습니다.

장보고가 이룩한 해상무역항로 탐방과 학술회의, 해상 출정식 등의 다채로운 행사를 열고 있습니다. 장보고가 일군 바다에서의 영광을 재조명함으로써 완도의 지역적, 역사적 특색을 보여 주고 자긍심을 높이려는 의미를 담고 있답니다.

장보고 축제 중 하나로 완도군 해상에서 열린 전국 노젓기 대회 모습

연대표

장보고의 생애	신라와 중국의 동향
	698 발해, 건국됨.
	712 당나라, 현종이 즉위함.
	751 신라, 불국사와 석굴암을 세움.
	787 신라 승려 혜초, 당에서 죽음.
	788 신라 원성왕, 독서삼품과를 설치함.
	798 소성왕 즉위함.
790 신라 38대 원성왕이 신라를 다스리던 무렵 완도에서 태어난 것으로 여겨짐. 어렸을 때의 이름은 궁복임.	*800* 애장왕 즉위함.
	802 해인사 창건함.
	809 헌덕왕 즉위함.
810 이때쯤 당나라에 건너간 것으로 여겨짐.	
815 이 무렵 당나라의 무령군에 들어간 것으로 보임.	
819 이 해에 무령군이 이사도의 난을 평정함. 정년과 함께 큰 공을 세워 무령군 군중소장이 됨. (장보고와 정년은 두 살 차이로 여겨짐.)	*819* 당나라, 절도사의 권한 축소하고 다수의 절도사를 중앙에서 파견한 문, 무관으로 대체함.
822 무령군에서 나와 무역일에 종사함.	*822* 김헌창의 난 발생함.
824 장보고가 일본을 방문했다는 기록이 있음.	*826* 홍덕왕 즉위함.
828 흥덕왕 3년에 신라로 돌아옴. 흥덕왕에게 완도 일대에 군진을 세우도록 허	*828* 김대렴이 당에서 차 씨앗 가져와 지리산에 심음. 장보고, 청해진을 설치함.

바다의 왕 장보고

장보고의 생애	신라와 중국의 동향

락해 달라고 부탁함. 군진을 세우게 해 주면 해적들을 없애 신라인들이 노예로 팔려 가는 일이 없도록 하겠다고 말함. 흥덕왕의 허락을 얻어 군사 일만 명을 모아 청해진을 세움.

834 백관의 복색제도를 공표함.

836 해적과 왜구를 소탕하고 동남아시아의 해상권을 완전히 손에 넣음. 이때부터 당나라와 일본을 왕래하는 모든 선박은 장보고의 명령을 받게 됨. 이 해 12월에 흥덕왕이 죽고 신라 조정은 왕위 쟁탈전에 휘말리게 됨. 흥덕왕의 조카인 희강왕이 왕위에 오름.

836 희강왕 즉위함.

837 5월 왕위 쟁탈전에서 패배한 김우징이 청해진으로 달아남. 김우징을 받아들이고, 6월에 김우징을 모시던 김예징, 김양순이 청해진으로 도망오자 역시 받아들임.

838 1월 대아찬을 지낸 김충공의 아들인 김명이 반란을 일으키자 희강왕이 자살함. 김명이 왕위에 올라 민

838 민애왕 즉위함.

| 장보고의 생애 | 신라와 중국의 동향 |

애왕이 됨. 정년이 청해진으로 돌아옴. 2월에 김양이 군사를 모아 청해진으로 옴. 김우징 무리는 청해진을 발판으로 삼아 왕위에 오를 계획을 세움.

839 김우징을 도와 군사를 일으킴. 김우징은 장보고의 딸 난화를 왕비로 맞기로 약속함. 김양과 정년이 청해진 군사 5천 명을 이끌고 경주로 쳐들어가 민애왕을 죽임. 김우징이 신무왕이 됨.
왕으로부터 감사의 표시로 감의군사로 봉함받고 식읍 2천 호를 받음. 그 해 7월에 신무왕이 죽음. 그의 아들 문성왕이 왕위에 오름.

840 진해장군으로 봉함받고 장복을 하사받음. 12월에 일본에 사신을 보내 방물을 바침. 일본은 신하와는 외교를 하지 않는다며 무역 거래만 허락함.

841 김흥필의 난이 일어나자 신라 조정은 불안정한 정국에 불안을 느낌. 장보고는 난화의 둘째 왕비 간택 문제로 조

839 신무왕 즉위했으나 곧 병사하고, 문성왕 즉위함.

156
장보고

바다의 왕 장보고

장보고의 생애

정 대신과 갈등을 빚음. 특히 자신의 딸을 왕비로 세우려는 김양을 비롯한 귀족 세력이 장보고를 천민으로 몰아 난화의 둘째 왕비 간택에 반대함. 신라 조정은 장보고를 위험 인물로 생각하고 반역죄로 몰아붙임. 청해진의 군사력을 두려워한 문성왕은 장보고를 암살하려는 뜻을 품음. 11월, 염장을 자객으로 보내 장보고를 암살함. (《일본사기》의 기록에 따름.) 장보고가 죽자 청해진의 꿈도 사라짐. 이때부터 신라는 해상권을 잃게 됨.

842 3월, 문성왕이 김양의 딸을 둘째 왕비로 맞음.

851 청해진을 없애고 그곳 백성들을 강제로 벽골군(김제군)으로 옮김. 그 뒤로 청해진은 오랫동안 버려진 땅이 됨.

신라와 중국의 동향

845 당나라 무종, 불교를 탄압함.

875 황소의 난 일어남.
900 견훤, 후백제를 건국함.
901 궁예, 후고구려를 건국함.
907 당나라 멸망함.
916 거란, 건국됨.
918 왕건, 고려를 건국함.
935 신라, 멸망함.